Les mots-clés DES ASSISTANTS

CLASSEMENT THÉMATIQUE
EXEMPLES D'UTILISATION
INDEX BILINGUE

Madeleine VILLALTA

Professeur d'espagnol en BTS
Chargée d'enseignement en Sciences Économiques et Gestion
Université de Marne-la-Vallée
Chargée d'enseignement à l'IUP Tourisme
Université de Marne-la-Vallée

Bréal éditions

1, Rue de Rome 93561 Rosny sous Bois

ISBN : 2-84291-788-X

SOMMAIRE

I

Les mots-clés

L'ASSISTANT
El asistente

1
SES COMPÉTENCES
Sus competencias

adaptabilité
adaptabilidad (n.f.)
La adaptabilidad permite un comportamiento adecuado en cualquier circunstancia.

adaptable
adaptable

amabilité
amabilidad (n.f.)
La amabilidad tiene que ver con gentileza, amenidad y buena educación.

aimable
amable

autorité
autoridad (n.f.)
La autoridad supone la posibilidad de imponerse, pero no es tiranía.

autoritaire
autoritario/a

bienveillance
benevolencia (n.f.)
La benevolencia es una disposición favorable hacia los demás.

bienveillant envers quelqu'un
benévolo/a/condescendiente con alguien

bon sens
sentido común (n.m.) / sensatez (n.f.)
Con sensatez se arreglan a menudo los problemas.

avoir du bon sens
tener sentido común

caractère réfléchi
carácter reflexivo (n.m.)
Gracias a un carácter reflexivo se ahorran muchas tonterías.

compétence
competencia/capacidad (n.f.)
La comptencia se adquiere con los estudios y la experiencia.

compétent(e)
competente/capaz

confidentialité
confidencialidad (n.f.)
El asistente no tiene que revelar ciertas informaciones.

considération
consideración (n.f.)
El respeto hacia los colegas y los superiores es consideración.

ménager les susceptibilités de
no herir la susceptibilidad de

coopération
cooperación (n.f.)
La cooperación es el hecho de participar a una obra conjuntamene con otros.

coopératif
cooperativo/a

courage
valor/ánimo (n.m.)
El ánimo permite enfrentarse fácilmente a tareas que parecen imposibles.

courageux/euse
valiente

courtoisie
cortesía (n.f.)
Cortesía, urbanidad y atención son imprescindibles al asistente.

courtois(e)
cortés / ameno (a)

délicatesse
delicadeza (n.f.)
La delicadeza ayuda en situación difíciles.

délicat(e)
delicado/a

dévouement
afecto (n.m.) / devoción (n.f.) / adhesión (n.f.)
Entre la devoción y la implicación hay un mundo.

dévoué(e)
adicto/a ; afecto/a ; servicial

digne de confiance
digno/a de confianza
Las cualidades del asistente hacen que es digno de confianza.

diplomatie
diplomacia (n.f.)
La diplomacia es el tacto y la discreción.

diplomate
diplomático/a

discrétion
discreción (n.f.)
La discreción es lo de menos para un asistente de dirección.

discret(e)
discreto/a

efficacité
eficacia (n.f.)
Gracias a la eficacia los resultados son lo que se esperaba.

efficace
eficaz

enthousiasme
entusiasmo (n.m.)
El entusiasmo deja ver la realidad bajo sus aspectos positivos.

enthousiaste
entousiasta (f. ou m.)

expérience professionnelle
experiencia profesional (n.f.)
La experiencia profesional se adquiere con los años de trabajo.

expérimenté(e)
experimentado/a ; con experiencia

fiabilité
fiabilidad (n.f.)
La fiabilidad es una de las cualidades más importantes.

fiable
fiable

flexibilité/souplesse
flexibilidad (n.f.) / tacto (n.m.)
Gracias a la flexibilidad el asistente vive los cambios sin estrés.

flexible/souple
flexible

gentillesse
gentileza, atención (n.f.)
Sean cuales sean las circunstancias hay que acoger con gentileza.

gentil(le)
atento/a ; amable

gérer le stress
dominar el estrés

El asistente tiene que saber dominar su propio estrés y el de los demás.

honnêteté
honradez (n.f.)
Los responsables aprecian la honradez.

honnête
honrado/a

humilité
humildad (n.f.)
Para no molestar a nadie hay que tener humildad.

humble
humilde ; modesto/a

impartialité
imparcialidad (n.f.)
La imparcialidad supone objetividad y justicia.

impartial(e)/juste
imparcial ; justo/a

implication/investissement
implicación (n.f.)
La implicación en el trabajo ayuda a las buenas relaciones.

s'investir/s'impliquer
implicarse

indulgence : voir tolérance

intelligence
inteligencia (n.f.)
La inteligencia es la capacidad a entender.

intelligent(e)
inteligente

investissement : voir implication

maîtrise de soi
dominio de si mismo (n.m.)
En cuaquier momento hay que saber tener dominio de si mismo.

être maître/maîtresse de soi
dominarse

politesse
cortesía / atención (n.f.)
La cortesía es la primera cualidad de la persona que acoge a los clientes.

poli(e)
educado/educada ; cortés

ponctualité
puntualidad (n.f.)
Gracias a la puntualidad se respetan los horarios y los plazos.

ponctuel(le)
puntual

prévenant (e)
atento/a
Los sinónimos de atento pueden ser : delicado, amable.

professionnalisme
profesionalismo (n.m.)
Con la expericienca se adquiere profesionalismo.

professionnel(le)
profesional

réserve
discreción (n.f.)
Para algunos asuntos se exige discreción.

réservé(e)
discreto/a

respect
respeto (n.m.)
Tener respeto a todos es saber considerarlos.

respectueux(se)
respetuoso/a

savoir-faire
saber hacer (n.m.)
En las primeras prácticas ya se adquiere cierto saber hacer.

sens de l'humour
sentido del humor (n.m.)
El sentido del humor ayuda a dominar el estrés.

sens de la justice : voir impartialité

responsabilité
responsabilidad (n.f.)
El sentido de la responsabilidad es aceptar las obligacines de su puesto de trabajo.

responsable
responsable

serviable
servicial
Ser servicial facilita las relaciones con los colegas.

soigné(e)
esmerado(a)/curioso(a)
Tener buenos modales y ser esmerado es lo de menos para un asistente.

souplesse : voir flexibilité

tact
tacto (n.m.) / discreción (n.f.)
El tacto es el sentido de lo que hay que decir o hacer.

avoir du tact
tener tacto

tolérance
tolerancia (n.f.)
La tolerancia consiste en admitir modos de pensar y actuar diferentes del suyo.

tolérant(e)
tolerante

vigilance
vigilancia (n.f.)
Con vigilancia se está atento a lo que ocurre e incluso se puede anticipar.

vigilant(e)
vigilante

2
SA MISSION
Su misión

assister
asistir
El asistente asiste a las reuniones para tomar nota y redactar los informes.

assurer le suivi
controlar
Controlar el seguimiento de los dosiers es imprescindible.

suivi (le)
seguimiento / control (n.m.)

classer

1. dans le sens ranger
clasificar
Para poder encontrarlos cuando se necesitan hay que clasificar los documentos.

classement
clasificación (n.f.)

2. dans le sens de clore
concluir/cerrar
Concluimos este negocio hace ya tiempo.

confirmer
confirmar
Nos agrada confirmarle la entrega de su pedido para la fecha convenida.

confirmation
confirmación (n.f.)

collaborer
colaborar
En este proyecto colaboran tres personas.

collaboration
colaboración (n.f.)

collecter des documents, des renseignements
recolectar
Saber dónde y cómo recolectar informaciones es todo un arte.

collecte de documents
recolección (n.f.)

corriger
corregir
No hay que dejar faltas en un documento, siempre hay que corregirlas.

correction
corrección (n.f.)

demander des renseignements
pedir informaciones
Tiene que pedir estas informaciones antes de tomar una decisión.

demande de renseignements
solicitud (n.f.)

dépouiller (des données)
examinar/analizar (datos)
Después de una encuesta hay que analizar los datos conseguidos.

dicter
dictar
El director dicta las cartas en dictáfono.

diffusion (d'un document)
difusión (n.f.)
La difusión del informe de la reunión se hará a todos los que asistían.

documenter (se) sur
documentarse sobre
Para redactar el informe anual hay que documentarse antes.

donner des directives/instructions
dar directivas/instrucciones
El director dió directivas muy claras.

donner des renseignements
dar informaciones / informar
Informamos nuestra clientela por teléfono.

donner un rendez-vous à quelqu'un
dar cita a alguien / citar a alguien
Al dar una cita a alguien, hay que verificar que no se equivocó de fecha ni de hora.

prendre rendez-vous
tomar cita

rendez-vous
cita (n.f.)

écrire sous la dictée
escribir al dictado
Para escribir al dictado hay métodos que hacen ganar velocidad.

étudier
estudiar
Antes de una reunión hay que estudiar el expediente.

faire un brouillon
hacer un borrador
Con la informática ya no es útil hacer borrador.

faire des photocopies
hacer/sacar fotocopias
Los cursillistas tienen que aprender a hacer fotocopias.

faire des cotations / coter
valorar/cotizar
Nuestra empresa vuelve a valorar sus tarifas dos veces al año.

cotation
cotización (n.f.)

filtrer les appels téléphoniques
controlar/desviar las llamadas
Desviar la llamadas pide mucho tiempo al asistente.

frapper (du courrier) : voir taper

gérer (un service, une équipe)
dirigir (un servicio / un equipo)
Dirigir un servicio es una responsabilidad.

informer / aviser quelqu'un de quelque chose
informar / avisar a alguien de algo
Antes de una reunión hay que informar de la fecha, del lugar y del tema.

mettre à jour
poner al día
La agenda se pone al día constantemente.

mise à jour
puesta al día (n.f.)

mettre en forme
puesta en forma (n.f.)
Con los procesadores de texto la puesta en forma resulta fácil.

mettre quelqu'un au courant
poner a alguien al tanto/corriente
Siempre pone al corriente a sus colaboradores.

négocier
negociar
Para negociar se necesitan cualidades de comunicación.

négociateur/négociatrice
negociador/negociadora

organiser
organizar
Organizar reuniones entre directores no siempre es fácil.

organisateur/organisatrice
organizador/organizadora

photocopier : voir faire des photocopies

prendre des contacts avec quelqu'un / contacter / joindre
ponerse en / tomar / entrar en contacto con alguien
Las ferias y los salones permiten entrar en contacto con los futuros clientes.

rester en contact avec quelqu'un
quedar/seguir en contacto con alguien

prendre des dispositions
tomar disposiciones
Tomaremos disposiciones para que este problema no se vuelva a presentar.

disposition
disposición (n.f.)

prendre un message téléphonique
tomar nota de un mensaje telefónico
El Señor Gutiérrez ha llamado, tomé nota de su mensaje.

prendre note de
tomar nota de
Tomamos nota de su información.

prendre des renseignements
tomar informaciones / informarse
La empresa toma informaciones para conocer el grado de satisfacción de sus clientes.

rappeler quelque chose à quelqu'un
recordar algo a alguien
Hay que recordarle al Director que tiene una cita importante mañana.

rassembler/recueillir/réunir des données
recoger/reunir datos
Gracias a Internet, reunir datos es mucho más rápido.

réactualiser
reactualizar / volver a actualizar
Estamos reactualizando nuestra base de datos.

réactualisation
reactualización (n.f.)

rendre service
prestar ayuda/servicio
Los buenos colegas siempre están dispuestos a prestar ayuda.

répondre au téléphone, à du courrier
contestar
Nunca contesta al teléfono si no sabe quién lo llama.

signaler quelque chose à quelqu'un
señalar/indicar algo a alguien
Le señalamos que estaremos cerrados mañana por ser día festivo.

sténographier
taquigrafiar
Taquigrafiar facilita la toma de apuntes en las reuniones.

suivre : voir assurer le suivi

taper/frapper (du courrier, un document)
pasar a máquina
Pasar a máquina se ha vuelto facilísimo con los procesadores de texto.

tenir à jour
tener al día
Hay que tener al día el planing de la sala de reuniones.

traduire de ... en
traducir del ... al
Necesitamos traducir un documento del inglés al español.

traduction
traducción (n.f.)

traitement de données
tratamiento de datos (n.m.)
El tratamiento de datos lo hace la informática.

transcrire
transcribir/copiar
Sólo tomó algunos apuntes, ahora hay que transcribirlo todo.

transcription
transcripción / copia (n.f.)

transcrire en clair
descodificar

transmettre / faire suivre
transmitir
Las cartas que llegan hay que transmitirlas a su destinatario.

trier / faire le tri
clasificar/seleccionar
Cada día hay que clasificar las cartas que llegan.

3

L'ACCUEIL

La acogida

accueil
acogida (n.f.)
La acogida es uno de los momentos más importantes en la relación con los clientes.

accueillant/e
acogedor/a

Ser acogedor es una de las cualidades del asistente.

accueillir
acoger
Saber acoger es algo que hay que aprender.

accueillir quelqu'un
acoger a alguien

bienvenue !
bienvenido (pour s'adresser à un homme)
bienvenida (pour s'adresser à une femme)
Señor Gutierrez bienvenido en nuestra oficina.

souhaiter la bienvenue
desear la bienvenida

écouter quelqu'un
escuchar a alguien
Escuchar al cliente permite entender mejor sus necesidades.

faire asseoir quelqu'un
hacer sentarse a alguien
El asistente hace sentarse a la persona que tiene cita en un salón de espera.

faire patienter
hacer esperar
A menudo el asistente propone un café mientras hace esperar a alguien.

faire visiter à quelqu'un
hacer visitar a alguien
El Director hace visitar la empresa antes de la reunión.

visiter
visitar

inviter
invitar
Después de la reunión están invitados a almorzar.

inviter quelqu'un à s'asseoir
invitar a alguien a sentarse

prendre congé
despedirse
Ahora mismo llega : se está despidiendo de su cita anterior.

présentation
presentación (n.f.)
El Director es el que hace las presentaciones.

présenter quelqu'un
presentar a alguien

se présenter
presentarse

faire les présentations
hacer las presentaciones

recevoir
recibir
El Señor Rodríguez va a recibirlo dentro de un momento.

rencontrer
encontrar
Con ocasión de un viaje de negocios ya lo hemos encontrado.

se rencontrer
encontrarse

rendez-vous
cita (n.f.)
El director tiene una cita importante a las 11.

réserver un accueil chaleureux à quelqu'un
reservar una calurosa acogida a alguien
Lo preparamos todo para reservar una calurosa acogida a este cliente importante.

saluer quelqu'un
saludar a alguien
Está saludando a los comerciales.

souhaiter la bienvenue à quelqu'un
desear la bienvenida a alguien

Hay que desearle la bienvenida en cuanto llegue.

visite
visita (n.f.)
Las visitas de la empresa las organiza el departamento de Relaciones Públicas.

visiter
visitar

visiteur
visitante (n.f. ou n.m.)

rendre visite à
visitar a

4
LA GESTION DU TEMPS
La gestión del tiempo

accorder un temps de réflexion (s')
tomarse/tomar tiempo para pensarlo
Nunca toma decisiones de modo impulsivo, siempre toma tiempo para pensarlo.

ajourner/reporter
aplazar
Hemos aplazado esta reunión a la semana que viene.

annuler (une réunion, un rendez-vous)
anular/cancelar
El Director canceló su viaje.

annulation
anulación / cancelación (n.f.)

emploi du temps
programa de trabajo / horario (n.m.)
El programa de trabajo está cargadísimo esta semana.

emploi du temps chargé
programa cargado (n.m.)

établir un programme, un horaire
establecer un programa/horario
Establecer un programa preciso permite ganar tiempo.

faire des heures supplémentaires
hacer horas extra
Tememos un trabajo urgente, así que en el departamento hacemos todos horas extras.

fixer un délai
dar un plazo
Le han dado un plazo de dos días para cerrar este expediente.

gagner du temps
ganar tiempo
El fax permite ganar mucho tiempo.

gérer son temps
administrar/controlar su tiempo
El asistente tiene que saber controlar su tiempo.

ordre du jour
orden del día (n.f.)
En las reuniones importantes siempre se anuncia antes la orden del día.

inscrit à l'ordre du jour
puesto a la orden del día

être à l'ordre du jour
estar a la orden del día

présenter l'ordre du jour
presentar la orden del día

organiser
organizar
Tenemos que organizar una reunión entre los directores de departamentos.

perdre son temps
perder su tiempo
Perder su tiempo buscando documentos mal clasificados es absurdo.

perdre du temps
perder tiempo

planifier/organiser
planificar/organizar
Planificamos las reuniones una semana antes.

planification/organisation
planificación/organización (n.f.)

respecter/honorer les délais
respetar los plazos
En esta empresa siempre respetan los plazos.

respecter les délais de livraison
respetar los plazos de entrega

5

FOURNITURES ET MATERIEL DE BUREAU

Artículos y material de oficina

agenda
agenda (n.f.)
El asistente tiene que poner al día la agenda de su jefe apuntando las diferentes citas.

agrafe
grapa (n.f.)
Para fotocopiar un documento es mucho mejor quitar la grapa.

agrafeuse
grapadora (n.f.)

bloc / bloc notes / bloc sténo
bloc (n.m.)
El bloc es muy útil en reunión.

bureau

1. la pièce
despacho (n.m.) / oficina (n.f.)
El despacho es la habitación donde se trabaja.

2. le meuble
mesa de despacho / de oficina (n.f.)

bureautique
ofimática / automatización de oficinas (n.f.)
Con la ofimática muchas de las tareas del asistente resultan más sencillas.

cachet
sello (n.m.)
El sello con la fecha se pone en cada documento que llega por correos.

apposer/mettre un cachet
sellar

calculatrice
calculadora (n.f.)
La calculadora servirá mucho hasta que todo el mundo esté acostumbrado al Euro.

calendrier
calendario / almanaque (n.m.)
En la oficina el calendario sirve para apuntar datos de trabajo.

casier
casilla (n.f.)
El correo está en la casilla.

chemise / sous chemise
subcarpeta (n.f.)
Las subcarpetas de colores diferentes son muy prácticas.

classeur
clasificador (n.m.)

Para archivar la cartas se puede utilizar clasificador.

classeur à anneaux
carpeta de anillas (n.f.)

classer
clasificar

classeur (le meuble)
archivo (n.m.)
Gracias a la informática se necesitan menos archivos.

colle
cola (n.f.) / pegamento (n.m.)
Para hacer montajes se utiliza cola.

corbeille à papier
papelera (n.f.)
El contenido de la papelera va a la basura, así que hay que tener cuidado.

mettre au panier
tirar/echar a la papelera

corbeille de rangement
canasta (n.f.)
Esta canasta es la del correo que llega, la otra de lo que está pendiente.

correcteur / « blanc »
corrector
El corrector es muy práctico, permite borrar dejando una capa blanca en lo que se quiere cambiar.

coupe-papier
cortapapel (n.m.)
Los sobres se pueden abrir con cortapapel o con máquina.

crayon
lápiz (n.m.)
Algunos prefieren escribir con lápiz porque se borra fácil.

destructeur de documents
destructor de documentos (n.m.)
El destructor de documentos facilita la confidencialidad.

dictaphone
dictáfono (n.m.)
Con el dictáfono se graban cartas que luego hay que escribir.

dossier
carpeta (n.f.)
Las carpentas tiene que llevar nombre.

encre
tinta (n.f.)
Pocas personas utilizan hoy tinta para escribir, sin embargo se necesita para la impresora y el fax.

enveloppe
sobre (n.m.)
Hay sobres de tamaño diferente, según lo que se manda.

enveloppe autocollante
sobre autoadhesivo

enveloppe à fenêtre
sobre con ventana

enveloppe-réponse
sobre para respuesta

fauteuil
sillón (n.m.)
Los sillones cómodos para trabajar tienen ruedecillas.

gomme
goma (n.f.)
Con la goma se pueden borrar los errores.

intercalaire
separador (n.m.)
Los separadores permiten ganar tiempo al buscar un documento.

interphone
teléfono interior / telefonillo / portero automático (n.m.)
El telefonillo permite llamar a una persona determinada sin usar el teléfono.

machine à affranchir
franqueadora (n.f.)
Muchas empresas tienen hoy franqueadora para los envíos por correos.

machine à écrire
máquina de escribir
La que utilizaba la máquina de escribir era la mecanógrafa.

machine à ouvrir le courrier
máquina para abrir las cartas (n.m.)
La máquina para abrir las cartas permite ganar mucho tiempo.

magnétoscope
magnetoscopio (n.m.) / video (n.f.)
La video es muy práctica en reunión.

marqueur
rotulador (n.m.)
Hay rotuladores especiales para escribir en tablero blanco.

matériel de bureau
material de oficina (n.m.)
El material de oficina se compone hoy de mucha informática.

microfiche/microfilm
microficha/microfilme
Algunos documentos se conservan en microfichas.

oeillets
ojete (n.m.)
Los ojetes impiden que se rompan las ojas de los clasificadores.

ordinateur/micro-ordinateur
ordenador / micro ordenador (n.m.)
Parece imposible trabajar sin ordenador.

papier
papel (n.m.)
El tamaño de papel A4 es de 21 por 27,9 centímetros.

feuille de papier
hoja de papel

papier blanc
papel blanco

papier buvard
papel secante / secante

papier carbone
papel de carbón

papier à en-tête
papel con membrete

papier à lettres
papel de escribir

rame de papier
resmo de papel (n.m.)

perforatrice
perforadora (n.f.)
Con la perforadora se puede poner cualquier hoja en un clasificador.

photocopieuse
fotocopiadora (n.f.)
Cuando no exitía la fotocopiadora había que hacer tantas copias como necesarias a máquina.

photocopie
fotocopia (n.f.)

photocopier
fotocopiar

pochette plastique
carpeta de plástico (n.f.)
La carpeta de plástico protege los documentos que van dentro.

poste de bureautique
puesto de ofimática (n.m.)
Los ordenadores, las impresoras, los fax forman parte de los puestos de ofimática.

poste de travail
puesto de trabajo (n.m.)

projecteur de diapositives
proyector de diapositivas (n.m.)

El proyector de diapositivas está siempre en la sala de reunión.

diapositive
diapositiva (n.f.)

punaise
chinche (n.f.) / chincheta (n.f.)
Con las chinchetas se colocan hojas de papel en soportes verticales.

règle
regla (n.f.)
Sin regla es casi imposible hacer una línea recta.

répertoire
repertorio (n.m.) / agenda (n.f.) / listín (n.m.) / fichero (n.m.)
El fichero siempre hay que tenerlo al día.

répondeur téléphonique
contestador telefónico (n.m.)
Gracias a un modem, el contestador telefónico sirve también de fax.

rétroprojecteur
retroproyector (n.m.)
En las salas de reunión el retroproyector sirve mucho.

ruban adhésif
papel celo (n.m.)
Hay papel celo invisible, que se puede volver a pegar, normal, pero de todos modos siempre se usa.

stylo / stylo plume
pluma (n.f.)
Al escribir con pluma se necesita tinta.

stylo bille
bolígrafo / boli (n.m.)

stylo feutre
rotulador (n.m.)

taille-crayon
sacapuntas (n.m.)
Con el sacapuntas los lápices siempre tienen una punta fina.

télécopieur
telecopiadora (n.f.) / fax (n.m.)
La telecopiadora permite mandar documentos de modo instantáneo.

télécopie
telecopia (n.f.) / fax (n.m.)

envoyer une télécopie / un fax
mandar/enviar una telecopia / un fax

téléphone
teléfono (n.m.)
El teléfono del asistente es hoy una verdadera centralita.

téléphone à carte
teléfono de tarjeta (n.m.)

téléphone cellulaire
teléfono celular (n.m.)

téléphone à pièces
teléfono de monedas (n.m.)

téléphone portable
teléfono móvil (n.m.)

téléphone sans fil
teléfono inalámbrico (n.m.)

téléphone à touches
teléfono de teclas (n.m.)

télex
télex (n.m.)

envoyer un téléx
mandar/enviar un télex
Cada vez más el fax se substituye al télex.

traitement de texte
tratamiento/procesador de texto (n.m.)
El procesador de texto va incluido en el PC.

transparent
transparente (n.m.)

Los transparentes se utilizan mucho en reunión con retroproyector.

trombone
clip (n.m.)
El clip sujeta varias hojas de papel juntas.

vidéophone/visiophone
videófono / videoteléfono (n.m.)
Gracias al videófono se celebran reuniones y conferencias a distancia.

L'ENTREPRISE
La empresa

1
LES DIFFÉRENTS TYPES D'ENTREPRISES
Los diferentes tipos de empresas

Affaire

1. au sens de secteur d'activité
negocio (n.m.)
El negocio de las start up está en plena expansión.

2. au sens d'entreprise
empresa (n.f.)
Es una empresa líder en su sector.

alliance
alianza (n.f.)
Para conseguir una cuota de mercado más importante las empresas pueden hacer alianzas.

association
asociación (n.f.)
Las ONG son asociaciones.

association à but non lucratif
asociación sin ánimo de lucro (n.f.)

association caritative/humanitaire
asociación caritativa/humanitaria (n.f.)

associé/e
socio (n.m.)/socia (n.f.)

cartel/entente
cártel (n.m.) / entente (n.f.)
El objetivo de un cártel es controlar la producción y limitar la competencia.

co-entreprise/entreprise conjointe
negocio conjunto / « joint venture » (n.m.)
El « joint venture » es una asociación de empresas cuyo objetivo es la realización de un proyecto común.

concentration
concentración (n.f.)
La concentraciones de empresas son una estrategia para conseguir el liderazgo en un sector.

concentration horizontale
concentración horizontal (n.f.)

concentration latérale
concentración lateral (n.f.)

concentration verticale
concentración vertical (n.f.)

conglomérat
conglomerado (n.m.)
El conglomerado es una forma de concentración de empresas con diversificación de actividades y productos.

consortium
consorcio (n.m.)
Un consorcio es una agrupación de empresas para realizar une operación financiera o económica.

coopérative
cooperativa (n.f.)

Las cooperativas, que aparecen a mediados del siglo XIX tienen como base la cooperación y la solidaridad.

entreprise
empresa (n.f.)
A muchos jóvenes les encantaría crear su propia empresa, pero los trámites son largos y complicados.

entreprise d'état/publique
empresa pública/estatal (n.f.)

entreprise privée
empresa privada (n.f.)

entreprise familiale
empresa familiar (n.f.)

entreprise individuelle/indépendante
empresa individual/independiente (n.f.)

petite et moyenne entreprise (PME)
pequeña y mediana empresa (PYME) (n.f.)

établissement
establecimiento (n.m.)
Esta multinacional va a abrir un establecimiento en Madrid.

filiale
filial (n.f.)
Nuestro grupo tiene filial en España.

groupe (de sociétés)
grupo (n.m.)
Este grupo multinacional está presente en España con sede en Barcelona.

groupement d'intérêt économique (GIE)
agrupación de interés económico (n.f.)
La agrupación de interés económico gestiona la producción y los servicios generales.

holding
holding (n.f.)
El objetivo de una holding es poseer participaciones financieras en otras para dirigirlas y controlar su actividad.

intégration
integración (n.f.)
Al completar la actividad de una empresa con empresas que tengan actividades anexas se realiza una integración.

joint-venture : voir co-entreprise / entreprise conjointe

maison
casa (n.f.)
La casa matriz de esta empresa está en Estados Unidos.

maison mère
casa matriz

monopole
monopolio (n.m.)
Las empresas públicas con monopolio en la Unión Europea tendrán que abrirse a la competencia.

multinationale
multinacional (n.f.)
Esta multinacional es líder en el sector de gran consumo.

organisme
organismo (n.m.)
Esta Caja de Ahorros es un organismo que depende de Correos.

secteur privé
sector privado (n.m.)
El sector privado tiene más empleados que el sector público.

secteur public
sector público (n.m.)
Los empleados del sector público tienen estatuto de funcionarios.

entreprise de service public
empresa de servicio público (n.f.)

siège social
sede social (n.f.)
Las oficinas administrativas están en la sede social.

avoir son siège social à
tener su sede social en

société
sociedad (n.f.)
Somos una sociedad distribuidora en fuerte expansión.

société anonyme (SA)
sociedad anónima (n.f.)

société par actions / société de capitaux
sociedad por acciones / de capitales (n.f.)

société en commandite simple (SCS)
compañía / sociedad comanditaria simple

société en commandite par actions (SCA)
compañía/sociedad en comandita por acciones (n.f.)

société commerciale
sociedad mercantil (n.f.)

société coopérative
sociedad cooperativa (n.f.)

société cotée en bourse
sociedad cotizada (en bolsa) (n.f.)

société d'état
sociedad estatal (n.f.)

société en nom collectif (SNC)
sociedad colectiva (n.f.)

société à responsabilité limitée (SARL)
sociedad de responsabilidad limitada

sous-traitant
segundo contratista (n.m.) / subcontratista (n.m.)
La industria aeronáutica emplea mucho a subcontratistas.

sous-traitance
subcontratación (n.f.)

sous-traiter
subcontratar

succursale
sucursal (n.f.)
Tenemos sucursal en todas las capitales europeas.

trust
trust (n.m.)
Los trust son bastante potentes como para ejercer influencia en el conjunto de un sector económico.

2
LA STRATÉGIE D'ENTREPRISE
La estrategia de la empresa

acquérir
adquirir
Acabamos de adquirir esta fábrica.

acquisition
adquisición (n.f.)

allier (s') avec
aliarse con
Se aliaron con otra empresa europea para ganar cuotas de mercado.

alliance
alianza (n.f.)

apport
aportación (n.f.)
Gracias a esta aportación nuestra sociedad podrá salir adelante.

concentrer
concentrar
Las empresas se concentran para ser más competitivas.

concentration
concentración (n.f.)

coopérer
cooperar
Estas dos sociedades están cooperando para sacar al mercado un producto totalmente nuevo.

créer/fonder une entreprise
crear una empresa
Desde que se lanzó internet se crearon muchas empresas.

créateur d'entreprise
creador de empresa (n.m.)

décoller/prendre de l'essor
despegar/estar en auge
Las sociedades informáticas están en auge.

délocaliser
deslocalizar
Bastante empresas deslocalizan su producción en países donde la mano de obra es más barata.

délocalisation
deslocalización (n.f.)

déposer le bilan
declararse en quiebra/hacer suspensión de pagos
Desgraciadamente tuvo que declararse en quiebra.

dépôt de bilan
declaración de quiebra / suspensión de pagos (n.f.)

développer
desarrollar
Vamos a desarrollar este ramo de nuestra producción.

diversifier
diversificar
Diversificar las actividades permite arriesgar menos.

diversification
diversificación (n.f.)

être à son compte
trabajar/estar por cuenta propia
El asesor trabaja por cuenta propia.

se mettre à son compte
instalarse por cuenta propia

être salarié(e)
ser asalariado/a
Ser asalariado presenta menos riesgo que estar por cuenta propia.

faire faillite
quebrar
Esta empresa está quebrando.

faillite
quiebra (n.f.)

fermer (ses portes)
cerrar
Tras haber ensayado varias soluciones no tuvieron más remedio que cerrar.

fermeture
cierre (n.m.)

fonder une entreprise : voir créer

fusionner
fusionar
Era dos empresas medianas pero acaban de fusionar.

fusion
fusión (n.f.)

implanter (s')
implantar/implantarse
Numerosas sociedades extranjeras están implantadas en el país

entreprise implantée à l'étranger
empresa implantada en el extranjero

internationaliser (s')
internacionalizarse
Con la compra de esta empresa, la holding se internacionaliza.

investir
invertir
La empresa invirtió hace poco en material informático muy potente.

investissement
inversión (n.f.)

investisseur
inversionista (n.f. ou n.m.)

mécénat
mecenazgo/patrocinio (n.m.)
El presupueso de mecenazgo nos permite dar a conocer la empresa.

moderniser
modernizar
Sin modernizarse las empresas no podrían sobrevivir.

modernisation
modernización (n.f.)

mondialisation
mundialización (n.f.)
La mundialización es una tendencia actual.

nationaliser
nacionalizar
En nuestro sistema económico los Estados ya no nacionalizan.

nationalisation
nacionalización (n.f.)

parrainer : voir sponsoriser

péricliter
periclitar/decaer
Las empresas que no saben adaptarse decaen.

privatiser
privatizar
Con la Unión Europea habrá que privatizar algunos sectores.

privatisation
privatización (n.f.)

prospérer
prosperar
Algunos sectores económicos prosperan más que otros.

prospère
próspero/a

racheter une entreprise
comprar/rescatar una empresa
Comprar una empresar puede plantear problemas sociales.

rachat
compra (n.f.) ; rescate (n.m.)

rapprocher (se)
acercarse
Estas socieddes se acercaron para ser más competitivas.

recentrer (se)
reajustar
Su diversificación fue un fracaso, así que se reajustan en su actividad principal.

redressement d'une entreprise
recuperación de una empresa
La llegada de nuevos socios permitió la recuperación de la empresa.

regrouper
reagrupar
Nuestra sociedad ha reagrupado todas sus oficinas en el mismo sitio.

regroupement
agrupación (n.f.)

réorganiser
reorganizar
Como puede verlo en el organigrama, hemos reorganizado los servicios.

réorganisation
reorganización (n.f.)

reprendre une entreprise : voir racheter

restructurer
reestructurar
La reestructuración permitirá hacer frente mejor a las dificultades actuales.

restructuration
reestructuración (n.f.)

situer (se)
situarse/localizarse
Esta empresa se situa en el centro de la ciudad.

site
sitio (n.m.)

sponsoriser
patrocinar
Patrocinamos tanto acontecimientos deportivos como culturales.

sponsor
patrocinador (n.m.)

subventionner
subvencionar
Esta asociación está subvencionada por la Región.

subvention
subvención (n.f.)

3

L'ORGANIGRAMME ET LES RELATIONS HIÉRARCHIQUES

El organigrama y las relaciones jerárquicas

acheteur/acheteuse
comprador/a
Algunos compradores ascienden muy rápidamente a puestos más importantes.

adjoint(e)
adjunto/a
Cuando está viajando el responsable, su adjunto es el que toma las decisiones.

adjoint(e) au directeur
adjunto/a al director

administrateur/administratrice
administrador/administradora
El administrador forma parte del consejo de administración de la sociedad.

administratif
administrativo/a

administration
administración (n.f.)

administrer/gérer une entreprise
dirigir/gestionar una empresa

agent administratif
agente de administración (n.f ou n.m)
Los agentes de administración tienen que dominar las técnicas informáticas.

agent de maîtrise
contramaestre (n.m.)
Los contramaestres trabajan en las fábricas.

ancienneté
antigüedad (n.f.)
La antigüedad es una manera de ascender en las empresas públicas.

avancement à l'ancienneté
ascenso por antigüedad (n.m.)

apprenti(e)
aprendiz (n.f ou n.m)
El aprendiz adquiere experiencia profesional y estudia al mismo tiempo.

apprentissage
aprendizaje (n.m.)

contrat d'apprentissage
contrato de aprendizaje (n.m.)

faire son apprentissage avec
efectuar sus prácticas con

assistant(e)
asistente (n.f. ou n.m.)
El asistente tiene un puesto clave en una empresa.

associé(e)
socio/a
Los socios comparten riesgos y beneficios.

atelier
taller (n.m.)
En una fábrica cada taller está especializado.

attaché(e) de direction
agregado/a de dirección
Como agregado de dirección trabaja en dosiers confidenciales.

auxiliaire
auxiliar (f ou m)
A finales de años Correos contrata a muchos auxiliares.

avancement
ascenso (n.m.)
En una carrera profesional se puede conseguir ascenso gracias a la formación.

avoir de l'avancement
ascender

tableau d'avancement
escalafón (n.m.) / lista de ascenso (n.f.)

brigade : voir équipe

bureau
oficina (n.f.)
Ya no se puede concebir una oficina sin material informático.

bureau d'études
oficina de proyectos (n.f.)
Nuestra oficina de proyectos acaba de realizar este estudio.

cadre
ejecutivo/cuadro/mando (n.m.)
Algunos sectores de la economía tienen más cuadros que otros.

cadre administratif
cuadro administrativo (n.m.)

cadre commercial
cuadro comercial (n.m.)

cadre de direction
cuadro de dirección (n.m.)

cadre moyen
cuadro intermediario (n.m.)

cadre supérieur
alto ejecutivo (n.m.)

chargé(e) : voir responsable

chauffeur
chófer (n.m.)
El Presidente Director General tiene su chofer.

chef d'entreprise
empresario/a
Ayer entrevistaron a nuestro empresario en televisión.

chef de service
jefe/encargado de servicio (n.m.)
Acaban de nombrarlo jefe de servicio.

collaborateur/collaboratrice
colaborador/colaboradora
Unos viente colaboradores trabajan en este nuevo proyecto.

collaborer
colaborar
Sus competencias le permitieron colaborar a este nuevo proyecto.

collaboration
colaboración (n.f.)

collègue
colega (n.f. ou n.m.)
En este servicio todos los colegas se llevan perfectamente.

commercial (e) (le/la)
comercial (n.f ou n.m)
Esta chica es una comercial de gran valor.

commerciaux (les)
comerciales (n.m.)

comptable (le/la)
contable (n.f. ou n.m.)
Cada mes, a partir del día 20 el contable prepara la paga.

chef comptable
jefe contable (n.m.)

expert-compable
perito/experto en contabilidad (n.m.)

conseil d'administration
consejo de administración (n.m.)
Para el consejo de administración habrá que preparar el informe anual.

président du conseil d'administration
presidente del consejo de administración (n.m.)

réunion du conseil d'administration
reunión del consejo de administración (n.f.)

salle de réunion du conseil d'administration
sala de reunión del consejo de administración (n.f.)

conseiller (le/la)
asesor/a
Nuestra empresa acaba de contratar un asesor jurídico.

un conseil
consejo (n.m.)

conseiller (verbe)
asesorar

consultant
consultor/asesor (n.m.)
En algunos casos nos dirigimos a un consultor exterior.

contremaître
contramaestre (n.m.)
El contramaestre es responsable de la obra.

coordonner
coordinar
El servicio del planing coordina los diferentes equipos.

coursier
recadero (n.m.)
Nuestro recadero le traerá este documento a domicilio hoy mismo.

dactylographe
mecanógrafa (n.f.)
Quedan ya pocas mecanógrafas en las empresas.

décideur
responsable (n.f. ou n.m.) / decisor (néol.)

Mi director es decisor para todo lo que toca a comunicación exterior.

prendre une décision
tomar una decisión

délégué/représentant du personnel
delegado/representante del personal (n.m.)
Las elecciones para delegados del personal son anuales.

déléguer
delegar/apoderar
El responsable ideal es el que sabe delegar.

démonstrateur/démonstratrice
demostrador/a
Nuestro demostrador circula por todo el país.

département : voir service

direction
dirección (n.f.)
Las oficinas de la Dirección están en el último piso.

dirigeant(e)
directivo/dirigente (n.m.)
Los directivos de la empresa tienen una reunión mensual.

directeur
director (n.m.)
La agenda del director está completa esta semana.

comité directeur, directoire
directorio (n.m.)

directeur adjoint
director adjunto

directeur d'exploitation
director de explotación (n.m.)

directeur général
director general (n.m.)

directeur de succursale
director de sucursal (n.m.)

directeur d'usine
director de fábrica (n.m.)

diriger/gérer une entreprise
dirigir/gestionar una empresa

diriger des employés
dirigir a empleados

président directeur général
presidente director general (n.m.)

sous-directeur
subdirector (n.m.)

direction (ensemble des dirigeants)
dirección (n.f.)
Al querer cerrar algunos de sus almacenes, la dirección está enfrentada a dificultades sindicales.

division
división (n.f.)
Esta división depende de la Direccción Financiera.

documentaliste
documentalista (n.f ou n.m)
La documentalista recoge las informaciones para la revista de prensa.

employé(e) de bureau
empleado/a de oficina
Me contrataron como empleada de oficina, prometiéndome que ascendería rápido.

encadrer / être à la tête de
dirigir/encuadrar
Mi responsable dirige un equipo de 50 personas.

équipe
equipo (n.m.)
Un equipo que se lleva bien trabaja mejor.

changement d'équipe
cambio de equipo/turno (n.m.)

équipe de jour / de nuit
equipo de día/de noche (n.m.)

faire les trois huit
cubrir un puesto con 3 turnos de 8 horas

travail en équipe
trabajo en equipo / por turno

travailler en équipe
trabajar en equipo

être mandaté pour
tener poder para / estar acreditado
Este ejecutivo tiene poder para solucionar el litigio con uno de nuestros mejores clientes.

être placé sous l'autorité de
estar bajo la autoridad de
Está trabajando directamente bajo la autoridad del Director de Investigación y Desarrollo.

exercer les fonctions de
ejercer / desempeñar las funciones de
Desempeña las funciones de Director de Compras.

expert
experto/perito (n.m.)
Deseamos incorporar a un ingeniero experto en el área de transporte.

faire assister par (se)
hacerse asistir por
Para conseguir este contrato importante el Director se hizo asistir por dos personas.

fondé/e de pouvoir
apoderado/a
El apoderado representa la empresa en ciertas condiciones.

force de vente
fuerza de ventas (n.f.)
Sin fuerza de ventas no se podría sobrevivir.

gestionnaire (le/la)
gerente (n.f. ou n.m.)
Un gerente tiene que conocer también la gestión.

grade
grado (n.m.)
Con su experiencia parece normal que tenga este grado elevado.

monter en grade
ascender

gravir les échelons
elevarse (en la jerarquía)
Es más fácil elevarse en la jerarquía en una gran empresa que en una pequeña.

échelon
escalafón/grado (n.m.)

hiérarchie
jerarquía (n.f.)
Sea cual sea el tamaño de la empresa, siempre hay jerarquía.

hiérarchique
jerárquico/a

par la voie hiérarchique
por conducto reglamentario

hiérarchiser
jerárquizar

homme d'affaires
hombre de negocios (n.m.)
Las asistentes de los hombres de negocios están acostumbradas a reservar billetes de avión.

industriel

1. nom
industrial (n.f. ou n.m.)
Hoy en día los grandes industriales también tienen una política de mecenazgo.

2. adjectif
industrial
El sector industrial es el sector segundario.

ingénieur
ingeniero/a
Es un ingeniero industrial de alto nivel.

intérimaire (un/une)
interino/a
Este mes habrá que contratar a un interino.

livreur
repartidor (n.m.)
El repartidor tiene en planing muy preciso para las entregas.

magasin (le service)
almacén (n.m.)
Nuestro almacén se situa en las afueras de la ciudad.

magasinier
almacenero (n.m.)
El almacenero prepara los pedidos.

manager (le)
manager (n.m.)
Los managers dirigen las empresas.

management
management (n.m.), gestión (n.f.)

manœuvre : voir ouvrier

manutentionnaire
manipulador (n.m.)
El manipulador puede ayudarle a cargar sus productos.

manutention
manutención (n.f.)

motiver
motivar
La participación a los beneficios siempre motiva el personal.

motivation
motivación (n.f.)

muter
cambiar
Le proponen cambiar a otra filial

mutation
cambio (n.m.)

négociateur, négociatrice
negociador/a
En esta empresa los negociadores tienen salario fijo más comisión.

négociation
negociación (n.f.)

nommer quelqu'un au poste de
nombrar
Acaban de nombrarlo a un puesto de alto mando.

nomination
nombramiento (n.m.)

personne nommée
nombrado/a

ouvrier, manœuvre
obrero/a
Hoy en día los obreros tienen cada vez más calificación.

ouvrier professionnel
obrero diplomado (n.m.)

ouvrier spécialisé
obrero especializado (n.m.)

ouvriers syndiqués
obreros sindicados (n.m.)

patron
patrono/empresario (n.m.)
Este empresario tiene una pequeña sociedad con sólo diez empleados.

personnel (le)
personal (n.m.) / plantilla (n.f.)
La plantilla se compone de todos los empleados de una empresa, sea cual sea su puesto.

délégué/représentant du personnel
delagado/representante del personal (n.m.)

faire partie du personnel
formar parte del personal

gestion du personnel
administración del personal (n.f.)

personnel détaché à l'étranger
personal destinado en el extranjero (n.m.)

personnel intérimaire
personal interino (n.m.)

personnel non qualifié
personal no calificado (n.m.)

personnel qualifié
personal calificado (n.m.)

pourvoir en personnel
cubrir una vacante

personnel administratif
personal administrativo (n.m.)
El personal administrativo trabaja en las oficinas.

poste clé (avoir un)
puesto/posición clave (tener)
El Director de Investigación y Desarrollo tiene una posición clave.

poste élevé (avoir un)
buen puesto (tener un)
Al empezar una carrera raras veces se consigue un buen puesto.

président
presidente (n.m.)
El presidente asiste a todos los consejos de administración.

vice président
vice presidente (n.m.)

président directeur général (PDG)
presidente director general

promouvoir quelqu'un au poste de
elevar a alguien al puesto de
Después de su formación lo elevaron a un puesto con muchas responsabilidades.

être promu(e)
tener promoción

(en) qualité de...
en calidad de / como
Llegó aquí como telefonista y ahora está en calidad de asistente de dirección.

rattacher à
depender de
Este servicio depende de la Dirección General.

représentant(e)
representante (n.f. ou n.m.)
Los representantes forman parte de la fuerza de ventas.

représentant exclusif
representante exclusivo (n.m.)

représentant du personnel : voir délégué du personnel

remplaçant(e)
sustituto (n.m.) / reemplazante (n.f. ou n.m.)
Como está en formación durante tres meses hemos nombrado un substituto.

remplacer quelqu'un
sustituir/reemplazar a alguien

responsable de..

1. sens général
encargado/a
Está encargado de los pedidos.

2. sens juridique
responsable

Es responsable hasta la cantidad que invirtió en la sociedad.

responsabiliser
responsabilizar

ressort (être du) de
competencia / incumbencia (n.f.)
Es un asunto muy complicado, la competencia la tiene el Director del Departamento.

ressources humaines
Recursos Humanos
Los Recursos Humanos son responsables de contratar al personal.

salarié(e) (le/la)
asalariado/a
El asalariado cobra un salario.

salle de réunion/conférence
sala de reunión/conferencia (n.f.)
El planing de la sala de reunión lo lleva el asistente.

seconder
secundar/ayudar/asistir
Asistirá al Director de Productos.

secrétaire (le/la)
secretario/a
Los secretarios trilingües encuentran trabajo muy fácil.

secrétaire de direction
secretaria de dirección (n.f.)

secrétaire général
secretario general (n.m.)

secrétaire sténodactylo
secretaria taquimecanógrafa (n.f.)

secrétariat
secretaría (n.f.)
La secretaría general está en el mismo piso que la Dirección Comercial.

service/département
servicio / departamento (n.m.)
Este servicio se compone de 25 personas, pero habrá que ampliarlo rápidamente.

chef de service
jefe de servicio (n.m.)

service des achats
servicio de compras (n.m.)

service administratif
servicio administrativo (n.m.)

service après-vente (SAV)
servicio posventa (n.m.)

service des archives
servicio de archivos (n.m.)

service commercial
servicio comercial (n.m.)

service de la communication
servicio de comunicación (n.m.)

service de la comptabilité
servicio de contabilidad (n.m.)

service contentieux
servicio contencioso/litigio (n.m.)

service du contrôle de la gestion
servicio de control de gestión (n.m.)

service du contrôle de la qualité
servicio de control de calidad (n.m.)

service du courrier
servicio de correo (n.m.)

service de l'entretien
servicio de mantenimiento (n.m.)

service des études
servicio de estudios (n.m.)

service financier
servicio financiero (n.m.)

service import-export
servicio exportación (n.m.)

service informatique
servicio informática (n.m.)

service du marketing
servicio marketing (n.m.)

service du personnel
servicio de personal (n.m.)

service de la publicité
servicio publicidad (n.m.)

service de la production
servicio de producción (n.m.)

service de la recherche et du développement
servicio investigación y desarrollo (I+D) (n.m.)

service du recouvrement
servicio recobro (n.m.)

service relation clientèle
servicio relación clientela (n.m.)

service des relations publiques
servicio relaciones públicas (n.m.)

service des relations humaines
servicio recursos humanos (n.m.)

service de la reprographie
servicio reprografía (n.m.)

service de la sécurité
servicio de seguridad (n.m.)

service technique
servicio técnico (n.m.)

sous-directeur
subdirector (n.m.)
El subdirector también puede representar la sociedad.

stagiaire (le/la)
cursillista (f ou m)
Este cursillista tiene exactamente el perfil que buscamos, así que lo vamos a contratar.

stagiaire non rémunéré(e)
cursillista no retribuido/ (n.f. ou n.m.)

cadre stagiaire
cuadro cursillista (n.m.)

standardiste (le/la)
telefonista (n.f. ou n.m.)
Muchas veces, el primer contacto de un cliente con la empresa, es la telefonista.

subordonné(e) (le/la)
subordinado/a
Es un empresario muy respetado por sus subordinados.

supérieur(e) (le/la)
superior/superiora
Los superiores están todos en reunión hoy.

superviser
controlar/supervisar
El Director Comercial controla la totalidad del servicio.

surcharge de travail
exceso de trabajo (n.m.)
En este momento del año siempre tenemos exceso de trabajo.

technicien
técnico (n.m.)
Nuestro técnico en informática prodrá ayudarle en este problema.

téléphoniste : voir standardiste

télévendeur
televendedor/a
Los anuncios clasificados proponen muchos puestos de televendedores.

titulaire
titular (n.f. ou n.m.)
Era cursillista pero lo integramos y ahora es titular.

titulariser
titularizar

traducteur
traductor/a
Necesitamos urgentemente traductor de español.

traduire
traducir

travailleur/travailleuse
trabajador/trabajadora
A los trabajadores se les exige ser productivos.

télé-travailleur
teletrabajador (n.m.)

travailleur indépendant
trabajador independiente (n.m.)

travailleur polyvalent
trabajador polivalente (n.m.)

trésorier
tesorero (n.m.)
El tesorero depende de la Dirección Financiera.

vacataire
supernumerario/a (dans une entreprise publique)
Las empresas públicas integran supernumerarios.

vice-président
vice presidente (n.m.)
El vice presidente está en Nueva York con los altos directivos.

voyageur, représentant, placier
Il n'existe pas en espagnol de terme correspondant ; les termes les plus aprochants sont
viajante de comercio / viajante / representante / comercial (n.m.)

LA VIE DANS L'ENTREPRISE
La vida en la empresa

1
L'EMPLOI
El trabajo

apprentissage
aprendizaje (n.m.)
El aprendizaje permite seguir sus estudios, sacar un diploma y adquirir experiencia profesional.

apprenti(e)
aprendiz (n.m. ou n.f.)

contrat d'apprentissage
contrato de aprendizaje (n.m.), contrato para la formación (n.m.)
El contrato para la formación tiene por objeto la formación teórica y práctica para el desempeño de un puesto de trabajo.

congé

1. autorisation d'absence, absence
permiso (n.m.), vacaciones (n.f.)
El Señor Pérez está hoy de permiso.

être en congé maladie
estar de baja

congés payés
vacaciones pagadas (n.f.)

congé sans solde
excedencia (n.f.), situación de excedencia (n.f.)

congé individuel de formation
permiso individual de formación (n.m.)

en congé
de vacaciones, de baja

un jour de congé
un día de permiso

2. renvoi
despido (n.m.)
Los despidos han sido numerosos en esta empresa.

donner son congé à quelqu'un
despedir a alguien

3. démission
dimisión (n.f.)
El Director del Departamento presentó ayer su dimisión.

donner sa démission
dimitir

emploi

1. terme générique, économique
empleo (n.m.)
El empleo ha sido una preocupación estos últimos diez años, pero ha mejorado la situación.

2. au sens de travail
trabajo (n.m.), empleo (n.m.)
Desgraciadamente no tiene trabajo desde hace varios meses.

changer d'emploi
cambiar de empleo

création d'emploi
creación de empleo (n.f.)

créer des emplois
crear empleos

cumul d'emplois
pluriempleo (n.m.)

emploi permanent
empleo permamente (n.m.)

emploi peu rémunéré
empleo poco retribuido (n.m.)

emploi saisonnier
empleo estacional (n.m.)

emploi stable
empleo estable (n.m.)

emploi/travail temporaire
empleo temporario (n.m.)

emploi/travail à temps complet
empleo de dedicación exclusiva, trabajo de jornada entera (n.m.)

emploi/travail à mi-temps
empleo de media jornada (n.m.)

garantie de l'emploi
garantía de trabajo (n.f.)

plein emploi
pleno empleo (n.m.)

sécurité d'emploi
seguridad de empleo (n.f.)

supprimer des emplois
suprimir empleos

employé(e)
empleado (n.m.), empleadea (n.f.)
Los empleados de esta empresa son muy atentos con la clientela.

employé de bureau
empleado (n.m.) de oficina

employer
emplear
Nuestra empresa emplea a más de 2000 personas.

employeur / chef d'entreprise
jefe (n.m.), patrón (n.m.) empresario (n.m.)
Todavía son pocas las mujeres empresarias.

intérim
interin (n.m.)
No tiene contrato fijo pero siempre trabajo con contrato de interin.

intérimaire
interino/a
Las empresas recurren a menudo a interinos para remplazar a los ausentes.

main d'œuvre
mano de obra (n.f.)
La mano de obra es imprescindible en las empresas.

main d'œuvre féminine
mano de obra femenina (n.f.)

main d'œuvre qualifiée
mano de obra cualificada / especializada (n.f.)

main d'œuvre non qualifiée
mano de obra sin calificación (n.f.)

main d'œuvre syndiquée
mano de obra sindicada (n.f.)

pénurie de main d'œuvre
falta de mano de obra (n.f.)

marché de l'emploi
mercado del trabajo (n.m.)
El mercado del trabajo ha conocido años difíciles.

monde du travail
mundo del trabajo (n.m.)
Los estudios duran cada vez más y los jóvenes integran el mundo del trabajo mucho más tarde que hace unos 20 años.

monde des affaires
mundo de los negocios (n.m.)
El mundo de los negocios es uno de los sectores económicos más importantes.

profession

1. une profession, un métier
profesión (n.f.), oficio (n.m.)
Los que tienen pasión para su oficio trabajan con mucho placer.

2. la profession, le secteur d'activité
profesión (n.f.)
La profesión conoce mucho éxito con los jóvenes.

professionnel(le)
profesional (n.f. ou n.m.)

profession libérale
profesión liberal (n.f.)

retraite
jubilación (n.f.)
En algunos países hay plan de jubilación privados, en otros lo maneja el Estado.

âge de la retraite
edad de jubilación (n.f.)

mettre quelqu'un à la retraite
jubilar a alguien

pension de retraite
pensión (n.f.), retiro (n.m.)

prendre sa pré-retraite
jubilarse por anticipado

pré-retraite
jubilación anticipada (n.f.)

télétravail
teletrabajo (n.m.)
En muchos casos el teletrabajo permite una gran flexibilidad de los horarios.

télétravailleur
teletrabajador (n.m.)

travail
trabajo (n.m.), empleo (n.m.)
El trabajo es una verdadera preocupación para los parados.

travail en atelier
trabajo en taller (n.m.)

travail de bureau
trabajo de oficina (n.m.)

travail à la chaîne
trabajo en línea/en cadena (n.m.)

travail répétitif
trabajo repetitivo (n.m.)

travail intellectuel
trabajo intelectual (n.m.)

travail de nuit
trabajo nocturno (n.m.)

travail posté
trabajo por turnos (n.m.)

travail sans intérêt
trabajo sin interés (n.m.)

travail temporaire
trabajo temporario (n.m.)

travail à temps partiel
trabajo a tiempo parcial (n.m.)

travaux pénibles
trabajos penosos (n.m.)

travail précaire
trabajo precario (n.m.)

travail au noir
trabajo negro / clandestino / sumergido (n.m.)

travailleur au noir
trabajador clandestino (n.m.)

travailler
trabajar
Ha trabajado muy duro durante años.

travailler en free-lance
trabajar en freelance

travailleur/travailleuse
trabajador (n.m.)/trabajadora (n.f.)
En Francia la ley de las 35 horas laborales estaba prevista para aumentar el número de trabajadores.

2 LE RECRUTEMENT, LE SALAIRE ET LES CONDITIONS DE TRAVAIL

La contratación, el salario y las condiciones de trabajo

accident du travail
accidente de trabajo (n.m.)
Conocer y aplicar las normas de seguridad hacen disminuir bastante los accidentes de trabajo.

aménagement du temps de travail
ajuste del tiempo de trabajo/horario (n.m.)
Una de las ventajas del teletrabajo es el ajuste del horario.

annonces classées
anuncios clasificados (n.m.)
Los anuncios clasificados permiten tener una idea del mercado laboral.

aptitude
aptitud/capacicad (n.f.)
Para este puesto se requiere una persona con capacidad de organización y planificación.

avantage
ventaja (n.f.)
No sólo hay que considerar el sueldo sino también las ventajas que presenta la empresa.

avantages sociaux
beneficios sociales (n.m.)

avantages en nature
remuneración en especie (n.f.)

augmentation de salaire
aumento de sueldo (n.m.)
Un aumento de sueldo siempre es una noticia buena.

accorder une augmentation de salaire de 1,5 %
Dar/otorgar un aumento de sueldo del 1,5 %

demander une augmentation de salaire
pedir un aumento de sueldo

cabinet de recrutement / chasseur de tête
buscatalentos / cazatalentos (n.m.)
Algunas empresas sólo contratan sus ejecutivos gracias a los cazatalentos.

candidat(e)
candidato (n.m.), candidata (n.f.)
Contactaremos con los candidatos adecuados en 15 días aproximadamente.

candidature
candidatura (n.f.)
Agradecemos a los interesados envíen candidatura más historial.

candidature spontanée
candidatura espontánea (n.f.)

date limite de dépôt des candidatures
fecha límite de presentación de candidatura (n.f.)

poser sa candidature
presentar su candidatura

remplir un dossier de candidature
rellenar un expediente de candidatura

capacité
capacidad (n.f.)
En este puesto se pueden desarrollar capacidades de comunicación.

capable
capaz

carrière
carrera (n.f.), profesión (n.f.)
En una carrera siempre hay etapas y progresión.

faire carrière dans
hacer carrera en

plan de carrière
plan de carrera (n.m.)

charges sociales
cargas sociales (n.f.)
Las cargas sociales a menudo son un problema para las empresas.

chasseur de têtes : voir cabinet de recrutement

commission
comisión (n.f.)
En ciertos casos al salario fijo se añaden comisiones.

compétence
competencia (n.f.)
Se requiere competencia en el sector electrónica de consumo.

compétence (la)
competencia (n.f.), capacidad (n.f.)

compétent(e)
competente, capaz

conditions de travail
condiciones de trabajo (n.f.)
En el mismo sector las condiciones de trabajo pueden variar mucho de una empresa a otra.

contrat de travail
contrato de trabajo / contrato laboral (n.m.)
El contrato laboral prevé el puesto ocupado, el sueldo así como la condiciones de trabajo.

contrat d'apprentissage
contrato de aprendizaje (n.m.)

contrat de travail à durée déterminée (CDD)
contrato de trabajo de duración determinada

contrat de travail à durée indéterminée (CDI)
contrato de trabajo de duración indeterminada

contrat de travail intermitent
contrato de trabajo intermitente

lier par contrat
ligar por contrato

renouveler un contrat
renovar un contrato

rupture de contrat
ruptura de contrato (n.f.)

curriculum vitae
currículo (n.m.), historial (n.m.) // CV
Agradecemos a los interesados envíen historial con la referencia 078.

débouchés professionnels
salida (n.f.)
Los técnicos tienen mucha salida.

définition de poste
definición de puesto (n.f.)
Los interesados pueden dirigirse al Departamento de Recursos Humanos para conocer la definición de puesto.

diplôme
diploma (n.m.)

Buscamos jóvenes con diploma en economía, derecho, informática.

jeune diplômé (e)
joven/recién diplomado/a (n.m. ou n.f.)

obtenir un diplôme
conseguir/sacar un diploma

disponible
disponible
Se busca persona disponible para incorporación inmediata.

dossier de candidature
dosier/expediente de candidatura (n.m.)
Interesados enviar historial y expediente de candidatura.

droit du travail
derecho del trabajo/laboral (n.m.)
Algunos abogados están especializados en derecho laboral.

embaucher/engager quelqu'un
contratar
Importante filial de empresa multinacional contrata responsable de compras.

embauche/engagement
contratación (n.f.)

réembaucher/réengager
volver a contratar

entrer en fonction
tomar posesión de un empleo
Se requiere Asistente de Dirección disponible rápidamente para tomar posesión del empleo en septiembre.

entretien d'embauche
entrevista de contratación (n.f.)
La primera entrevista de contratación se hace con la consultora ABC.

équivalent d'un diplôme
equivalencia de diploma (n.f.)
Teóricamente en la Unión Europea hay equivalencias de diplomas.

études
estudios (n.m.)
Buscamos un verdadero profesional con estudios de carácter técnico.

faire des études/étudier
hacer/cursar estudios, estudiar

expérience
experiencia (n.f.)
Se requiere experiencia superior a 4 años en empresas en el campo de la ingeniería.

1. expérience professionnelle
experiencia profesional (n.f.)

employé(e) qui a de l'expérience
empleado/a experimentado/a

rubrique expérience professionnelle dans un CV
sección, rúbrica experiencia profesional en un historial (n.f.)

2. un test
experiencia (n.f.), test (n.m.)

fixe (le)
fijo (n.m.)
Remuneración negociable (fijo + variable).

formation
formación (n.f.)
Los puestos disponibles son de responsabilidad con previa formación.

centre de formation
centro de formación (n.m.)

en formation
en formación

formation continue
formación continua (n.f.)

formation professionnelle
formación/capacitación profesional (n.f.)

formation sur le lieu de travail
formación en el lugar de trabajo (n.f.)

former quelqu'un
formar a alguien

salaire de formation
salario de formación (n.m.)

formulaire de candidature
formulario de candidatura (n.m.)
Le agradecemos rellene detalladamente el formulario de candidatura.

remplir un formulaire
rellenar/cumplimentar un formulario

frais
gastos (n.m.)
Evidentemente reembolsamos los gastos de los comerciales.

frais de déplacement
gastos de viaje (n.m.)

lettre de candidature
carta de candidatura (n.f.)
Agradecemos a los interesados envíen historial y carta de candidatura.

lettre de candidature spontanée
carta de candidatura espontánea (n.f.)

lettre de motivation
carta de motivación (n.f.)
No siempre es fácil redactar una carta de motivación.

numéro de référence d'une annonce
número de referencia de un anuncio (n.m.)
Interesados enviar CV con número de referencia TS212.

objectif professionnel
objetivo profesional (n.m.)
Al que no tiene objetivo profesional le es difícil saber qué estudios va a cursar.

offre d'emploi
oferta de empleo (n.f.)
Esta oferta de empleo es interesantísima

paye : voir salaire

payer : voir rémunérer

période d'essai
período de prueba (n.m.)
La duración del período de prueba está indicada en el contrato de trabajo.

à l'essai
a prueba

permis de travail
permiso de trabajo (n.m.)
Las personas que no tienen nacionalidad de algún país de la Unión Europea necesitan permiso de trabajo.

petites annonces
anuncios clasificados
Los anuncios clasificados tienen varias rúbricas.

pointer
fichar
En algunas empresas toda la plantilla tiene que fichar.

pointeuse
máquina para fichar (n.f.)

poste
puesto / empleo (n.m.)
Esta empresa de consultoría busca alguién para un puesto de asistente.

poste à pourvoir / vacant
puesto vacante (n.m.), vacante (n.f.)

pourvoir un poste vacant
cubrir un puesto vacante

postuler à un emploi
solicitar un empleo
Está solicitando un puesto con muchas reponsabilidades.

présélectionner
preseleccionar
Los cazatalentos suelen preseleccionar los candidatos para las empresas.

prétentions en matière de salaire
pretenciones de sueldo (n.f.)
Sus pretenciones de sueldo son demasiado altas si consideramos su experiencia.

profil professionnel
perfil profesional (n.m.)
Buscamos a alguien con un perfil profesional de venta.

prime
prima (n.f.), sobresueldo (n.m.)
El sobresueldo forma parte de las ventajas salariales.

qualifications
cualificaciones (n.f.)
Para este puesto precisamos a alguien con cualifaciones importantes.

qualifié(e)
cualificado/a
Las empresas buscan jóvenes cualificados y con experiencia profesional.

personnel non qualifié
personal no cualificado (n.m.)

personnel qualifié
personal cualificado (n.m.)

rechercher un emploi
buscar un empleo
Ha estado buscando un empleo varios meses.

recherche d'emploi
búsqueda de empleo (n.f.)

référence
referencia (n.f.)
Se requiere asistente con referencias en empresas de transporte.

recruter
contratar
Contrataremos preferentemente a candidato/a con dominio del inglés.

recrutement
contratación (n.f.)

rémunération : voir salaire

rémunérer
remunerar, pagar
La remuneración es negociable con fijo y comisiones.

sous-payer
pagar mal

surpayer
pagar bien

renseignements
informaciones (n.f.), datos (n.m.)
En un historial hay que dar informaciones precisas sobre los puestos de trabajo anteriores.

salaire
salario / sueldo (n.m.)
El salario indicado se entiende bruto por año.

bulletin de salaire
hoja de paga/nómina (n.f.)

grille des salaires
tabla de salarios (n.f.)

salaire de base
salario base (n.m.)

salaire brut/net
salario bruto/neto (n.m.)

salaire horaire/mensuel
salario/sueldo horario/mensual (n.m.)

salaire minimum interprofessionnel de croissance (SMIC)
salario mínimo interprofesional

sélectionner (des candidats)
seleccionar
El Departamento de Recursos Humanos selecciona los candidatos.

situation (au sens de l'emploi)
situación (n.f.), empleo (n.m.), colocación (n.f.), puesto (n.m.)
Después de sus estudios ha conseguido una situación en una multinacional.

stage de formation professionnelle
prácticas (n.f.), período de prácticas (n.m.)
Las prácticas permiten tener una experiencia profesional.

certificat de stage
certificado de prácticas (n.m.)

convention de stage
contrato de prácticas (n.m.)

effectuer un stage
realizar prácticas

stagiaire
cursillista (n.f. ou n.m.) pour une formation théorique
que está de prácticas pour un stage pratique, en entreprise

test de recrutement
test (n.m.), prueba (n.f.)
A menudo los Departamentos de Recursos Humanos piden test a los candidatos

treizième mois
paga extraordinaria (n.f.)
La paga extraordinaria es una ventaja prevista en el contrato laboral.

trouver un travail
encontrar trabajo/empleo
Para encontrar trabajo hay de preparar un historial.

QUELQUES ÉQUIVALENCES UTILES

LES ÉCOLES
Las escuelas

école privée/publique
escuela privada/pública (n.f.)

collège d'enseignement secondaire/technique/professionnel
instituto secundario/técnico/profesional (n.m.)

lycée
instituto (n.m.)

établissement d'enseignement supérieur
instituto técnico superior (n.m.)

université
universidad (n.f.)

LES DIPLÔMES
Los diplomas

certificat d'aptitude professionnelle (CAP) / brevet d'études professionnelles (BEP)
titulación de educación secundaria profesional (n.f.)

baccalauréat
bachiller (n.m.)

brevet de technicien supérieur (BTS)
diploma de técnico superior (n.m.)

licence
licenciatura (n.f.)

3

LES CONFLITS SOCIAUX
Los conflictos laborales

accord cadre
convenio marco (n.m.)
Las negociaciones colectivas han desembocado en un acuerdo marco.

accord collectif
convenio colectivo (n.m.)
El convenio colectivo supone ciertas ventajas.

acquis sociaux
ventajas sociales (n.f.)
Los sindicatos protegen las ventajas sociales.

sauvegarder les acquis
proteger/salvar las ventajas

action syndicale
acción sindical (n.f.)
En algunos sectores las acciones sindicales son más fuertes que en otras.

adhérer à un syndicat : voir se syndiquer

adhérant(e) à un syndicat : voir syndicaliste

agitation ouvrière
movimiento obrero (n.m.)
Los movimientos obreros siempre son una pesadilla para los empresarios.

appartenance à un syndicat
afiliación sindical (n.f.)
En ciertos sectores del mundo laboral la afiliación sindical es más imortante que en otros.

appartenir à un syndicat
estar afiliado a un sindicato

arrêt de travail
huelga (n.f.)
Una de las acciones sindicales más habitual es la huelga.

base (la)
base (n.f.)
Los sindicatos se apoyan en la base.

conflit social
conflicto social/laboral (n.m.)
Los conflictos laborales están cada vez más tomados en cuenta por los medias informativos.

régler un conflit
solucionar un conflicto

conseil des prud'hommes
magistratura del Trabajo (n.f.) / tribunal de conciliación laboral(n.m.)

convention collective
convenio colectivo (n.m.)
Los sindicatos y los empresarios elaboran juntos el convenio colectivo.

débrayer
parar/cesar el trabajo
En el taller han parado el trabajo desde hace dos días.

débrayage
plante/cese del trabajo (n.m.)
Ayer empezaron un plante sin ningún preaviso

délégation
delegación (n.f.)
Una delegación fue a encontrar al Director.

délégué syndical
delegado(a) sindical
En Francia, con menos de 50 empleados, no hay delegado sindical.

dirigeant d'un syndicat
dirigente sindical (n.m.)
Algunos dirigentes sindicales se sirven muchos de los medias informativos para dar a conocer sus acciones.

droit de grève
derecho de huelga (n.m.)
El derecho de huelga está sometido a condiciones precisas.

grève
huelga (n.f.)
Algunas ventajas sociales que parecen hoy normales se deben a huelgas largas y duras.

briseur de grève
esquirol (n.m.)

comité de grève
comité de huelga (n.m.)

grève d'avertissement
huelga de aviso / advertencia (n.f.)

grève générale
huelga general (n.f.)

grève perlée
huelga intermitente (n.f.)

grève sauvage
huelga salvaje (n.f.)

grève de solidarité
huelga por solidaridad (n.f.)

grève surprise
huelga sorpresa (n.f.)

grève sur le tas
huelga de brazos caídos (n.f.)

grève tournante
huelga alternativa / escalonada / rotatoria / por turno (n.f.)

grève du zèle
huelga de zelo (n.f.)

gréviste
huelguista (n.f. ou n.m.)

faire la grève
hacer huelga

mot d'orde de grève
consigna/convocatoria de huelga (n.f.)

lancer un mot d'ordre de grève
convocar huelga

organiser une grève
organizar una huelga

piquet de grève
piquete de huelga (n.m.)

poursuivre la grève
seguir la huelga

se mettre en grève
declararse en huelga/ir a la huelga

manifestation
manifestación (n.f.)
Cada primero de mayo los sindicatos organizan manifestaciones.

manifester
manifestar/manifestarse

organiser une manifestation
organizar una manifestación

médiateur
buen componedor (n.m.)
Las organizaciones representativas suelen actuar como buen componedor.

mouvement syndical
movimiento sindical (n.m.)
Los movimientos sindicales de multinacionales tienen repercusiones en varios países.

négociation collective
negociación colectiva (n.f.)
Las negociaciones colectivas suelen traer ventajas a los empleados.

négocier
negociar

occupation des locaux
encierro (n.m.)
Aquel año hubo manifestaciones y encierros.

partenaires sociaux
interlocutores sociales (n.m.)
En caso de negociaciones, los interlocutores sociales suelen participar.

patronat
patronal (n.f.)
Los representantes de la patronal intervienen en caso de negociaciones a nivel estatal.

grand patronat
gran patronal (n.f.)

préavis de grève
aviso de huelga (n.m.)
El aviso de huelga es obligación.

reprendre le travail
empezar de nuevo el trabajo
Empezar de nuevo el trabajo puede presentar dificultades de planing en algunos sectores.

responsable syndical
responsable sindical (n.f. ou n.m.)
El responsable sindical interviene en los conflictos entre la empresa y los empleados.

représentant syndical
representante sindical (n.f. ou n.m.)

revendication
reivindicación (n.f.)
Cuando las empresas públicas anuncian su próxima privatización la plantilla suele hacer reivindicaciones.

organiser une journée de revendication
organizar una jornada de reivindicación

satisfaire des revendications
satisfacer reivindicaciones

revendiquer
reivindicar
Los sindicatos han organizado un día de manifestaciones y reivindicaciones.

syndicat
sindicato (n.m.)
Los sindicatos protegen el empleo.

démantèlement des syndicats
desmantelamiento de sindicatos (n.m.)

syndicalisme
sindicalismo (n.m.)

syndicaliste
sindicalista (n.f. ou n.m.)
En una empresa los sindicalistas suelen tener que escuchar a los empleados.

syndiquer (se) / adhérer à un syndicat
sindicarse/afiliarse a un sindicato
En algunos sectores toda la plantilla está afiliada a un sindicato.

4

LE LICENCIEMENT ET LE CHÔMAGE
El despido y el desempleo

agence nationale pour l'emploi (ANPE)
Instituto Nacional para el Empleo (INEM) (n.m.)
Cada vez más las empresas se dirigen al INEM para poder contratar.

allocation chômage
subsidio de desempleo (n.m.)
El subsidio de desempleo lo cobran los parados bajo ciertas condiciones.

allocataire
beneficiario/a

allocation du régime de solidarité
subsidio del régimen de solidaridad (n.m.)

association pour l'emploi dans l'industrie et le commerce (ASSEDIC)
asociación para el empleo en la industria y el comercio
En Francia la ASSEDIC también paga susbsidios a los parados.

bourse du travail : voir agence pour l'emploi

certificat de travail
certificado de trabajo (n.m.)
La empresa entrega al empleado un certificado de trabajo.

chômage
desempleo/paro (n.m.)
Estos últimos años la tasa de paro bajó

chômage déguisé
paro encubierto (n.m.)

chômage des jeunes
paro juvenil (n.m.)

chômage partiel
paro parcial (n.m.)

chômage saisonnier
paro estacional (n.m.)

chômage technique
paro técnico (n.m.)

être au chômage
estar en paro / estar parado / estar desempleado

recevoir une allocation de chômage
beneficiar del subsidio de desempleo

résorber le chômage
acabar con el desempleo

taux de chômage
tasa de paro (n.f.)

chômeur
parado(a)/desempleado(a)
La economía está mejor así que el número de parados ha disminuido.

le nombre de chômeurs
el número de parados (n.m.)

compensation pour perte d'emploi
compensación por pérdida de empleo (n.f.)
En caso de despido por razones económicas hay compensaciones por pérdida de empleo.

demandeur d'emploi
solicitante de empleo (n.f. ou n.m.)
Para dirigirse al INEM hay que ser solicitante de empleo.

démissionner
dimitir
Como le habían contratado en otra empresa ha dimitido.

démission
dimisión (n.f.)

donner sa démission
dimitir

délai de préavis
plazo de despedida (n.m.)
El plazo de despedida varía según el puesto.

préavis de 2 mois
plazo de despedida de 2 meses (n.m.)

sans préavis
sin plazo de despedida

faute professionnelle
falta profesional (n.f.)
Uno de los motivos de despido es la falta profesional.

indemnité de licenciement
indemnización de despido (n.f.)
La indemnización de despido varía según el número de años de trabajo en la empresa.

licenciement
despido (n.m.)
Cuando hay dificultades económicas las empresas hacen despidos.

licenciement abusif
despido improcedente (n.m.)

licenciement collectif
despido colectivo (n.m.)

licenciement individuel
despido individual (n.m.)

licenciement justifié
despido justificado (n.m.)

licenciement pour cause économique
despido laboral (n.m.)

licenciement pour raisons disciplinaires
despido por razones de disciplina (n.m.)

préavis de licenciement
plazo de despido (n.m.)

licencier
despedir
Cuando la conyuntura económica es difícil las empresas despiden.

licencier sans préavis
despedir sin noticación previa

motif de licenciement
motivo de despido (n.m.)
Los motivos de despido son numerosos, entre los cuales económicos.

mise à pied
suspensión / destitución (n.f.) / despido (n.m.)
En caso falta profesional puede ocurrir suspensión.

perdre son emploi
perder su empleo
Perder su empleo en períodos de crisis económica siempre resulta algo grave.

perte d'emploi
pérdida de empleo (n.f.)

pré-retraite
jubilación anticipada (n.f.)
Con la civilisación dedicada al ocio numerosos son los que aprovechan la jubilación anticipada.

âge de la retraite
edad de la jubilación (n.f.)

mettre quelqu'un à la retraite
jubilar a alguien

prendre sa retraite
jubilarse

retraite complémentaire
pensión complementaria (n.f.)

retraite anticipée
jubilación anticipada (n.f.)

reclassement
readaptación / rehabilitación (n.f.)
Los desocupados pueden beneficiar de readaptación bajo ciertas condiciones.

reclasser quelqu'un
readaptar/rehabilitar a alguien

reconvertir (se)
readaptarse

Algunos tratan de readaptarse después de un despido.

reconversion professionnelle
readaptación profesional (n.f.)

recyclage
reciclaje (n.m.) / recualificación (n.f.)
El reciclaje permite ser operacional a lo largo de su vida profesional.

recycler
reciclar/recualificar

remercier (quelqu'un) : voir licencier

sans emploi
sin empleo / parado(a) / desempleado(a)
Los recortes de plantilla hacen que muchos empleados de una empresa están parados.

solde de tout compte
saldo de cuenta (n.m.)
Al terminar el contrato, la empresa tiene que entregar el salo de cuenta.

taux de chômage
tasa de paro (n.f.)
En la década de los noventa la tasa de paro estaba altísima.

trouver un emploi
encontrar trabajo
Para encontrar trabajo es preciso una formación y además experiencia profesional.

SAVOIR COMMUNIQUER
Saber comunicar

1
LES DOCUMENTS
Los documentos

accusé de réception
acuse de recibo (n.m.)
Al recibir la mercancía se suele mandar un acuse de recibo.

avis (note écrite)
nota (n.f.) / aviso (n.m.)
Se avisará la plantilla por nota

avis d'arrivée
aviso de llegada (n.m.)

avis de crédit / de débit
abonaré (n.m.) / debe (n.m.)

avis d'expédition
nota (n.f.)/aviso de envío (n.m.)

avis de livraison
aviso de entrega (n.m.)

avis de paiement
aviso de pago (n.m.)

aviser
avisar/notificar

archives
archivos (n.m.)
Es imprescindible tener un sistema claro para poder encontrar un documento en los archivos.

archivage
archivaje (n.m.)

archivage électronique
archivaje electrónico (n.m.)

archiver
achivar

avant-projet
anteproyecto (n.m.)
El anteproyecto es la primera etapa de un documento.

avoir (un) ; facture d'avoir / de crédit
haber (n.m.) ; factura de haber / de debe
Adjunto encontrará el haber que le corresponde.

bon (un)

1. formulaire
bono (n.m.) / formulario (n.m.) / orden (n.f.)
Las mercancías tienen que figurar en el orden de pedido.

bon de commande
orden de pedido (n.m.)

bon de garantie
bono de garantía (n.m.)

bon de livraison
orden de expedición (n.f.)

2. coupon d'échange
voucher (n.m.)
Los comerciales de esta empresa siempre viajan con voucher.

bon d'essence
bono de gasolina (n.m.)

bon de réduction
bono de reducción (n.m.)

bordereau
lista (n.f.)
Una entrega no es válida si no va firmada la lista de entrega.

bordereau d'envoi
lista de envío (n.f.)

bordereau de livraison
lista de entrega (n.f.)

brochure
folleto (n.m.)
Le agradezco me facilite su folleto lo antes posible.

cahier des charges
pliego de condiciones (n.m.)
El pliego de condicines es un elemento imprescindible al tratar con proveedores.

carnet de commandes
cartera de pedidos (n.f.)

catalogue
catálogo (n.m.)

liste de prix/tarifs
lista de precios/tarifa (n.f.)

compte rendu
informe (n.m.)
El asistente redacta los informes para guardar huellas de cada reunión.

contrat
contrato (n.m.)
El contrato es una seguridad entre los diferentes interlocutores que previamente lo firmaron.

clauses d'un contrat
cláusulas de un contrato (n.f.)

contrat d'achat
contrato de compra (n.m.)

contrat clés en main
contrato llaves en mano (n.m.)

contrat de travail à durée déterminée
contrato temporal (n.m.)

contrat de partenariat
contrato de colaboración (n.m.)

contrat de sous-traitance
contrato de subcontratación (n.m.)

contrat de travail
contrato de trabajo (n.m.)

contrat type
contrato tipo (n.m.)

contrat de vente
contrato de compraventa (n.m.)

durée du contrat
duración del contrato (n.f.)

passer un contrat avec quelqu'un
firmar un contrato con alguien

rédiger un contrat
redactar un contrato

remporter un contrat
conseguir un contrato

résilier un contrat
anular/invalidar un contrato

respecter les termes d'un contrat
respetar los términos de un contrato

rupture de contrat
ruptura de contrato (n.f.)

signer un contrat
firmar un contrato

devis
presupuesto (n.m.)
Al firmar el presupuesto el cliente se compromete.

devis gratuit
presupuesto gratuito (n.m.)

document
documento (n.m.)
Los documentos oficiales tienen que ir firmados en cada página.

document confidentiel
documento confidencial (n.m.)

document original
documento original / original (n.m.)

double (d'un document) / duplicata
copia (n.f.)
Les agradecemos nos envie la copia firmada de este documento.

en double exemplaire
por duplicado

enquête
encuesta (n.f.)/sondeo (n.m.)
La empresa está realizando una encuesta de satisfacción.

étude
estudio (n.m.)

réaliser une étude de marché
realizar un estudio de mercado

exemplaire (en double/triple)
en doble / en triple
Los contratos siempre se redactan y se firman en doble ejemplar.

exemplaire
copia (n.f.)

fax : voir télécopie

fiche
ficha (n.f.)
La dirección y el teléfono de nuestro servicio posventa están indicados en este folleto.

fiche de stock
ficha de existencias (n.f.)

fiche technique
ficha técnica (n.f.)

formulaire
formulario (n.m.)
Para poder adherirse a nuestro sistema es imprescindible cumplimentar este formulario.

remplir un formulaire
rellenar / cumplimentar un formulario

lettre
carta (n.f.)
Muchas veces es importante confirmar una llamada telefónica con una carta.

lettre d'accompagnement
carta de cortesía (n.f.)

lettre circulaire
circular (n.f.)

lettre recommandée
carta certificada (n.f.)

lettre de relance
carta de reactivación (n.f.)

lettre type
carta tipo (n.f.)

logo
logotipo (n.m.)
Después de la fusión la empresa cambió de nombre, y claro está de logotipo.

message
mensage (n.m.)
El asistente transmite los mensajes a su director.

note d'information
nota informativa/de información (n.f.)
Antes de sacar al mercado un nuevo producto se avisa a los clientes por nota informativa.

note de service
nota de servicio (n.f.)

La nota de servicio permite comunicar en la empresa.

original (de document)
original (n.m.)
Siempre hay que sacar fotocopias de un original.

panneau publicitarie
valla (n.f.)
La campaña publicitaria se hará en vallas y en los medios informativos.

photocopie
fotocopia (n.f.)

faire des photocopies
sacar fotocopias, hacer fotocopias

procès verbal
acta (n.m.)
El acta de una reunión importante es imprescindible.

prendre un procès verbal
levantar acta

prospectus
prospecto/folleto (n.m.)
Para las empresas los folletos son un medio de dar a conocer sus nuevos productos.

publicité
publicidad (n.f.)
La nueva campaña de publicidad saldrá con ocasión del Salón.

questionnaire
cuestionario (n.m.)
El cuestionario permitirá conocer el grado de satisfacción de los clientes.

rapport
informe (n.m.)
La presentación de un informe es una de las tareas del asistente.

récépissé/reçu
resguardo/recibo (n.m.)
El resguardo es una prueba, así que hay que conservarlo.

registre
registro/libro (n.m.)
Las salas reservadas están indicadas en este registro.

enregistrer
registrar

registre du courrier arrivée/départ
registro/libro de correo llegada/salida (n.m.)

sondage : voir enquête

supports visuels
soportes visuales (n.m.)
Los soportes visuales se utilizan cada vez más en las reuniones.

télécopie
fax (n.m.), telecopia (n.f.)
El fax es muy práctico y muy rápido.

télex
télex (n.m.)
En la mayoría de las empresas ya no hay télex.

Envoyer un télex
mandar un télex

2

CONFÉRENCES ET RÉUNIONS

Conferencias y reuniones

accoustique
acústica (n.f.)
La sala de conferencias tiene una acústica muy buena.

(s')adresser à quelqu'un
dirigirse a alguien
Al llegar es imprescindible dirigirse a la azafata en el mostrador de recepción.

assister à une conférence, une réunion, un séminaire
asistir a una conferencia, una reunión, un seminario
Asisto a todas las reuniones y luego redacto un informe.

auditorium
auditorio (n.m.)
En este auditorio caben 250 personas.

avoir la parole
tener la palabra
El presidente tendrá la palabra al principio del certamen.

capacité d'accueil
capacidad (n.f.)
Este auditorio tiene una capacidad de 500 personas.

centre de conférences
centro de conferencias (n.m.)
Este hotel para hombres de negocios propone un centro de conferencias muy bien equipado.

cérémonie publique
función (n.f.)
Para inaugurar la conferencia se celebrará una función.

colloque
conferencia (n.f.), seminario (n.m.)
El tema de la conferencia es la semana laboral de 35 horas.

convoquer une réunion
convocar una reunión
El responsable convoca una reunión con toda la plantilla.

conférence
conferencia (n.f.)

congrès
congreso (n.m.), convención (n.f.)
En ete salón de convenciones caben 250 personas.

congressiste
congresista (n.m. ou n.f.)
El servicio de relaciones públicas se encarga de acoger a los congresistas.

délibérer
deliberar
Se deliberará de este tema durante la reunión.

événement
acontecimiento (n.m.), evento (n.m.)

faire un discours
hacer un discurso
Está previsto que haga un discurso el Presidente Director General.

lever la séance
suspender el acta
El Director suspende el acta al final de la reunión, pero después está previsto un cóctel.

lieu
lugar (n.m.), sitio (n.m.)
Este lugar es demasiado grande para nuestra reunión.

location
alquiler (n.m.)
El alquiler de este material resulta demasiado caro.

louer
alquilar
La empresa tiene que alquilar un lugar adecuado para celebrar este certamen.

manifestation
manifestación (n.f.), certamen (n.m.)
Al lanzar el nuevo producto se celebrará una manifestación importante.

ordre du jour
orden del día (n.f.)
Este tema se va a llevar a cabo puesto que está al orden del día.

fixer l'ordre du jour
fijar/establecer la orden del día

être à l'ordre du jour
estar a la orden del día

présenter l'ordre du jour
presentar la orden del día

organisateur/organisatrice
organizador/organizadora
El organizador de esta manifestación es la empresa Iberojet.

organiser une conférence
organizar una conferencia

ouvrir la séance
inaugurar la sesión
Se inaugura la sesión con un discurso del Presidente de la empresa.

participant(e)
participante (n.f. ou n.m.)
Los participantes al certamen están convocados a las nueve.

participation à
participación en (n.f.)
La reunión es muy importante así que es imprescindible su participación.

passer la parole à quelqu'un
ceder la palabra a alguien
El Presidente cede la palabra al primer conferenciante.

prendre la parole
coger la palabra

présider une réunion
presidir una reunión

président(e)
presidente/presidenta

(se) réunir/rassembler
reunirse
Los responsables de departamento nos reunimos una vez por semana.

salle de conférences
sala de conferencias (n.f.), salón de actas (n.m.)
La sala de conferencias está a su derecha, en el hall.

séminaire
seminario (n.m.)
El tema del seminario era el diálogo social y fue interesantísimo.

service de traduction
servicio de traducción (n.m.)

siéger
celebrar, reunirse

statuer
resolver (por unanimidad)

suspendre/lever la séance
interrumpir, levantar la sesión
A la una se interrumpe la sesión para poder almorzar.

tenir une conférence
celebrar una conferencia

3
LA CORRESPONDANCE
La correspondencia

adresse
dirección (n.f.)
Por favor, indique su dirección así como la de su empresa.

boîte aux lettres
buzón (n.m.)
El buzón está lleno de cartas.

boîte postale
apartado de correos (n.m.)
La empresa recibe su correo en el apartado de correos 67 067.

cachet de la poste
matasellos (n.m., invariable)
Deberá enviar este formulario antes del 30 de noviembre, fecha del matasellos.

code postal
código postal
El código postal es el 28020.

correspondant
comunicante (n.m.)
Nuestro comunicante en Argentina es el Señor Iglesias.

coupon-réponse international
cupón respuesta (n.m.)

courrier
correo (n.m.)

courrier par avion
correo aéreo (n.m.)
Para México hay que mandarlo por correo aéreo parque es mucho más rápido.

courrier électronique
correo electrónico (n.m.)
Las empresas reciben cada vez más correo electrónico.

par retour de courrier
a vuelta de correo
Gracias por confirmar su pedido a vuelta de correo.

destinataire
destinatario (n.m.)
El envío se efectua por cuenta y riesgo del destinatario.

enveloppe
sobre (n.m.)
Este dossier no cabe, es demasiado grande para el sobre.

enveloppe autocollante
sobre autoadhesivo (n.f.)

enveloppe à fenêtre
sobre con ventana (n.f.)

envoi
envío(n.m.)

envoi contre remboursement
envío contra reembolso (n.m.)

envoi en nombre
envío en masa (n.m.)
Para dar a conocer nuestra nueva gama hacemos un envío en masa.

expéditeur
remitente (n.m.), expeditor (n.m.)
El remitente es el que manda la carta.

expédier
enviar, mandar, remitir, despachar
Enviamos los productos a recepción de los pedidos.

fax
fax (n.m.)
El fax es un medio de comunicación muy rápido y muy práctico.

frais
gastos (n.m., pl.)
Los gastos se pagan a recepción del pedido.

imprimés
impresos (n.m., pl)
En caso de corrección de datos, le agradecemos rellenar este impreso.

lettre
carta (n.f.)

lettre commerciale
carta comercial (n.f.)

lettre de relance
carta de insistencia (n.f.)

lettre recommandée
carta certificada (n.f.)
Puesto que son informaciones importantes se mandará una carta certificada.

papier à en-tête
papel con membrete
Las empresas siempre utilizan papel con membrete.

port
porte (n.m.)

franco de port
franco de porte

port dû
porte debido (n.m.)
En porte debido el destinatario es el que paga los gastos.

port payé
porte pagado
En porte pagado el expeditor es el que paga los gastos.

poste
correos (n.m., pl.)
Las oficinas de correos proponen ahora servicios parecidos a los de un banco.

poste restante
lista de correos (n.f.)

poster
echar al buzón
Los paquetes no caben en un buzón.

réexpédier
reexpedir
Esta empresa cambió de sede, así que le reexpiden su correo.

répondre
contestar
Le agradecemos nos conteste lo antes posible.

répondre à des besoins, des exigences
satisfacer, cubrir las necesidades

réponse
respuesta (n.f.), contestación (n.f.)
Le agradecemos una respuesta rápida.

sous pli séparé
por correo aparte
Recibirá su factura por correo aparte.

surtaxe postale
recargo (n.m.)
En caso de envío mal franqueado el recargo lo paga el destinatario.

tarif postal
tarifa de correos (n.f.)
La tarifa postal vigente la publica Correos cada año.

télécopie
telecopia / fax (n.m.)
Las telecopias han facilitado muchas cosas en las empresas.

envoyer une télécopie
mandar una telecopia / un fax

télécopieur
telecopiadora (n.f.) / fax (n.m.)

La telecopiadora necesita tinta y papel para funcionar.

télégramme
telegrama (n.m.)
El telegrama casi siempre lo remplazó el fax.

timbre
sello (n.m.)
Les empresas suelen utilizar máquina para franquear en vez de poner sellos.

timbrer
poner un sello, franquear

tri
clasificación de las cartas (n.f.)
La clasificación de las cartas permite dirigir los envíos a los destinatarios.

QUELQUES EXPRESSIONS UTILES
Algunas expresiones útiles

accuser réception
acusar recibo

accusé de réception
acuse de recibo (n.m.)

dans l'attente de vos instructions
esperando sus instrucciones

en attendant votre réponse
en la espera de su respuesta

à l'attention de
a la atención de

attirer l'attention de quelqu'un sur
llamar la atención a alguien

aviser
avisar

au cas où
en caso de

dans ce cas
en este caso

en aucun cas
en ningún caso

avoir le plaisir de
agradar, complacer

ci-dessous
a continuación, más abajo

ci-dessus
arriba indicado, anteriormente mencionado

ci-joint
adjunto

commander
encargar

comme convenu
según lo convenido

concernant, en ce qui concerne, au sujet de
concerniente, referente a, relativo a

conforme
conforme

copie certifiée conforme
copia legalizada (n.f.), certificación (n.f.)

traduction certifiée conforme
traducción legalizada (n.f.)

conformément à
en conformidad con, según lo convenido

date
fecha (n.f.)

dater
fechar

antidater
antedatar

date limite
fecha ímite (n.f.)

date d'échéance
fecha de vencimiento (n.f.)

date de livraison
fecha de entrega (n.f.)

à défaut de
a falta de

délai

attente, retard
demora (n.f.), espera (n.f.), atraso (n.m.)

délai, terme
plazo(n.m.), término(n.m.)

délai de livraison
plazo de entrega (n.m.)

dans un délai de
en el plazo de

dans les plus brefs délais
a más breve plazo

dans les meilleurs délais
lo antes posible

dernier délai
último plazo

expressions relatives à une demande
nos es grato solicitarles
agredeceríamos el envío de
les ruego me faciliten

expressions relatives à une réponse de demande de renseignements
en respuesta a su petición
contestando a su solicitud
agradecemos su interés
acusamos recibo de su atenta del 25 de agosto
tenemos el gusto de remitirle

sur demande
a petición

disposition
disposición (n.f.)

prendre ses dispositions
tomar sus disposiciones

être/rester à disposition de quelqu'un
quedar a disposición

en espérant
esperando

en réponse à votre lettre du
en respuesta a su atenta del

expressions d'excuses

s'excuser
rogamos nos disculpen por, le presentamos nuestras disculpas por, lamentamos las molestias originadas

formules de salutation et de politesse
muy señor mío, estimado señor, distinguida señora, muy señores nuestros

être heureux de
nos complace, nos agrada

informer, aviser
informar, avisar

joindre
incluir, añadir, poner

ci-joint
adjunto, anexo

joindre quelqu'un
contactar con

être à même de, être en mesure de
estar en condiciones de, poder

objet (de la lettre)
asunto (n.m.), objeto (n.m.)

paiement, somme versée
pago (n.m.)

payer
pagar, abonar

pièces jointes
anexo

la mention PJ est signalée en bas, à gauche en fin de lettre

passer commande
pasar pedido

par procuration
por poderes

par retour de courrier
a vuelta de correo

rabais, remise
descuento (n.m.), rebaja (n.f.)

en raison de
debido a

dès réception
a recepción

réclamation
reclamación (n.f.)

formuler une réclamation
quejarse de

être reconnaissant
estar agradecido/a

référence
referencia (n.f.)

regretter
lamentar, sentir

remercier
agradecer

renseignements
información (n.f.), detalle (n.m.)

renseignements complémentaires
más amplia información

renseignements détaillés
información detallada (n.f.)

souhaiter
desear

suite à
en contestación a

susmentionnée
arriba mencionado/a

en temps utile
a su debido tiempo

veuillez
gracias por

se voir contraint, se voir obligé
verse obligado/a a

4
LES TÉLÉCOMMUNICATIONS
Las telecomunicaciones

abonné(e)
abonado/a
El servicio clientela se encarga de las relaciones con los abonados.

abonnement à
suscripción a (n.f.)

s'abonner à
suscribirse a
Para suscribirse basta con una llamada telefónica.

être abonné à
estar suscrito a

affichage d'appel
identificación de llamada (n.f.)
La identificación de llamada permite saber quien llama.

annuaire
guía (n.f.), directorio (n.m.)
Evidentemente las empresas están en las guías profesionales.

annuaire électronique
anuario electrónico (n.m.)

appeler (quelqu'un au téléphone)
telefonear a alguien, llamar a..

appel (téléphonique)
llamada (telefónica) (n.f.), comunicación (n.f.)

appel téléphonique interurbain
llamada nacional (n.f.)

appel téléphonique local
llamada local (n.f.)

appel téléphonique en PCV
llamada a cobro revertido (n.f.)

appel avec préavis
llamada con preaviso (n.f.)

recevoir un appel de quelqu'un
recibir una llamada de alguien

bip sonore
señal (n.f.)
Para dejar un mensaje en un contestador hay que esperar la señal.

combiné/récepteur
locutorio (n.m.)

compagnie de téléphone
compañía de teléfonos
Telefónica es la compañía de teléfonos en España.

composer (un numéro)
marcar (un número)
En muchos países hay que marcar el 00 para las llamadas internacionales.

cadran d'appel
disco selector (n.m.), las teclas (n.f.)

consulter (un annuaire) / chercher un numero
buscar en la guía/buscar un número
Con la agenda electrónica de los teléfonos actuales se necesita mucho menos buscar un número.

coordonnées
señas (n.f.pl.)

correspondant
interlocutor (n.m.)

couper (une communication téléphonique)
cortar, colgar

couverture (téléphonique)
cobertura (n.f.)
El teléfono móvil al que llama está apagado o fuera de cobertura.

décrocher, prendre un appel
descolgar, contestar a una llamada

dérangement (être en dérangement)
estar averíado

écran
pantalla (n.f.)
Casi todos los teléfonos tiene hoy pantalla alfanumérica.

être en communication
estar en el telefóno, estar comunicando
Lo siento, por ahora no lo puedo poner con el Senor Rodríguez, está comunicando.

erreur
equivocación (n.f.)
Es una equivocación : no marcó Vd el número que me acaba de dar.

filtrer les appels
controlar las llamadas
El asistente controla las llamadas de su jefe.

> **filtrage**
> control de llamadas (n.m.)

fuseau horaire
huso horario (n.m.)

indicatif
prefijo (n.m.)
Para llamar al extranjero hay que marcar el prefijo internacional y luego el prefijo del país al que se llama.

> **indicatif d'accès au réseau international**
> prefijo de acceso a la central internacional (n.m.)

> **indicatif pays**
> prefijo del país (n.m.)

joindre (quelqu'un au téléphone)
llamar a alguien, ponerse en comunicación con
Si tuviese cualquier dificultad con este producto, no dude en ponerse en comunicación con nuestro departamento posventa.

liaison
conexión (n.f.)
Las lineas están saturadas y es imposible establecer la conexión.

lier, relier
enlazar

ligne téléphonique
linea telefónica (n.f.)

> **être en ligne**
> estar comunicando

> **rester en ligne**
> permanecer a la escucha

liste rouge : il n'y a pas, en espagnol d'expression correspondante

> **être sur liste rouge**
> no figurar en la guía telefónica
> *Es dificilísimo encontrar a alguien que no figura en la guía telefónica.*

numéro de telephone
número de telefóno (n.m.)

> **mauvais numéro**
> equivocación (n.f.), error (n.m.)

occupé
comunicando
El Señor Martínez está comunicando, pero le volverá a llamar dentro de nunos minutos.

pages blanches
páginas blancas (n.f.)

pages jaunes
páginas amarillas (n.f.)
Las páginas amarillas son muy prácticas para buscar una empresa.

passer un appel
llamar ; transferir

passer une communication à quelqu'un
pasar la llamada a alguien / poner con alguien/transferir la llamada
Le pongo con el jefe del Departamento de Ventas.

patienter : voir rester en ligne

prise téléphonique
enchufe de telefóno (n.m.)

raccrocher
colgar
Después de una llamada no hay que olvidar colgar.

rappeler
llamar de nuevo, volver a llamar
Está en reunión, pero puede llamarlo de nuevo dentro de media hora.

touche de rappel
tecla de rellamada de los últimos números marcados (n.f.)

recevoir un appel de quelqu'un
recibir una llamada de alguien

renseignements téléphoniques
información
Muchisímas informaciones se pueden conseguir mediante el servicio de información.

renvoyer (un appel)
pasar una llamada, desviar una llamada

répondeur téléphonique
contestador telefónico (n.m.)
El contestador telefónico es muy práctico para mensajes sea cual sea la hora.

rester enligne
seguir/quedarse a la escucha
Gracias por quedarse a la escucha, en seguida lo pongo con el Señor Pérez.

sonner
tocar

sonnerie
timbre (n.m.)
Este teléfono tiene tono de timbre personalizado

standard
centralita (n.f.)
Este modelo de teléfono tiene centralita incorporada con altas prestaciones.

tarif
tarifa (n.f.)

tarif réduit
tarifa réducida
Los operadores de teléfono proponen tarifas reducidas según los horarios de llamada.

télécommunications
telecomunicaciones (n.f.)

télécopie/fax
telecopiadora (n.f.), fax (n.m.)

envoyer une télécopie / un fax
enviar (o mandar) un fax

télécopieur/fax
telecopiadora (n.f.), fax (n.f.)
Utilizar el fax resulta a menudo más económico que llamar por teléfono.

téléphone
teléfono (n.m.)

téléphone cellulaire
teléfono celular (n.m.)

téléphone portable
móvil (n.m.)

téléphone sans fil
inalámbrico (n.m.)

téléphone à touches
teléfono de teclas (n.m.)

téléphoner
telefonear, llamar

téléphoniste
telefonista (n.m. ou n.f.)

téléscripteur
teleimpresor (n.m.)

télex
télex (n.m.)
El télex también funciona con la linea de teléfono.

tonalité
señal de llamada (n.f.), tonalidad (n.f.)
La señal de llamada es diferente según si es un móvil o un teléfono fijo.

transfert d'appel
desvío de llamada (n.m.)
El desvío de llamada es muy útil para los comerciales.

(se) tromper de numéro
equivocarse de número

unité (de communication)
paso (n.m.)
Las tarifas de las llamadas varían según los pasos y los horarios.

vidéophone/visiophone
videófono (n.m.), videoteléfono (n.m.)

QUELQUES EXPRESSIONS UTILES
Algunas expresiones útiles

à l'appareil
al habla, al aparato

à bientôt
hasta pronto, hasta luego

à votre service
a su servicio

allô
diga (lorsque l'on reçoit un appel)
oiga (lorsque l'on appelle)

c'est la moindre des choses
es lo de menos

de la part de qui ?
¿de parte de quién?

déranger
molestar

de rien
de nada

en quoi puis-je vous aider ?
¿en qué puedo ayudarle?

en quoi puis-je vous être utile ?
¿en qué puedo atenderle?

épeler
deletrear

être désolé(e)
sentirlo

être en ligne
tener la línea ocupada / estar comunicando

être là
estar aquí

être de retour
haber regresado

être en rendez-vous
tener cita

être sorti
estar fuera

laisser un message
dejar un mensaje

patientez s'il vous plaît
espere un instante, un momento / permanezca a la escucha

parler plus lentement
hablar más lento

parler plus fort
hablar más alto

prendre un message
tomar un mensaje

remercier
agradecer

répéter
repetir, volver a decir

qui dois-je annoncer ?
¿a quién debo anunciar?

tout à fait
claro, claro que sí, por supuesto

un instant, s'il vous plaît
un momento por favor

5

LES MULTIMÉDIA ET LES NOUVELLES TECHNOLOGIES

Las multimedia y las nuevas tecnologías

adresse Web
dirección Web (n.f.)

affichage
visualización (n.f.), presentación (n.f.)
Este aparato tiene pantalla de visualización alfanumérica.

écran d'affichage
pantalla de visualización (n.f.)

afficher
indicar

allumer
encender, conectar
Sólo hay que conectar el monitor cuando está enchufado.

base/banque de données
base de datos (n.f.), banco de datos (n.m.)
Hay que actualizar las bases datos para que sigan sirviendo.

boîte aux lettres électronique
buzón electrónico (n.m.)
El e-mail se llama en español buzón electrónico.

boîte vocale
buzón de voz (n.m.)
Hay que dejar indicaciones en el buzón vocal para ayudar a la persona que deja un mensaje.

bloc-notes électronique
bloc (n.m.)

Cédérom
CD-Rom (n.m.)
Los archivos pueden instalarse en CD-Rom.

clavier
teclado (n.m.)
El teclado español no es el azerty

cliquer
hacer clic, pulsar, pinchar
Para ir a la página siguiente, hacer clic aquí.

commande
mando (n.m.)
Algunos mandos permiten ir más rápido a las funciones.

commande à distance
control remoto (n.m.)

commerce électronique
comercio electrónico (n.m.), e-comercio (n.m.)
El comercio electrónico conoce un auge muy importante.

compatible
compatible
Hoy en día PC y Mac son compatibles.

connecter
conectarse
Para acceder a un sitio Internet, hay que conectarse antes.

être connecté
estar conectado

se déconnecter
desconectarse
Tras la consulta de un sitio Internet, no hay que olvidar desconectarse.

console
consola (n.f.)

consulter (un service, Internet)
consultar

convivial
convivial
Las últimas versiones de procesadores de texto son más conviales.

copie
copia (n.f.)

copier
copiar

courrier électronique
correo electrónico (n.m.), e-mail (n.m.)
Con el correo electrónico tambien se pueden enviar documentos adjuntos.

correcteur d'orthographe
corrector ortográfico (n.m.)
El corrector ortográfico ayuda mucho al asistente.

corriger
corregir

correction
corrección (n.f.)

curseur
cursor (n.m.)
El cursor y la flecha no tienen la misma función.

cybercafé
cibercafé (n.m.)

cybermonde
ciberespacio (n.m.)

déplacer
mover
Gracias al ordenador nada más facil que mover frases o párrafos.

dictionnaire électronique
diccionario electrónico (n.m.)

disque
disco (n.m.)

disquette
disquete (n.m.)
Existen disquetes con posibilidad de memoria más o menos importante.

disque dur
disco duro (n.m.)
No se olvide proteger su trabajo en el disco duro.

disque souple
disco flexible (n.m.)

données
datos (n.m)

> **données mises en mémoire**
> datos memorizados (n.m.)
>
> **saisir des données**
> entrar datos, picar
>
> **sauvegarder des données**
> proteger datos

écran
pantalla (n.f.), monitor (n.m.)
Se pueden modificar el brillo y el contraste en los monitores.

> **écran couleur**
> pantalla color (n.f.)
>
> **écran tactile**
> pantalla táctil (n.f.)
>
> **écran d'affichage**
> pantalla de visualización (n.f.)

éditer
imprimir
La impresora color permite imprimir documentos, gráficos e incluso fotos.

édition
edición (n.f.) impresión (n.f.)

en ligne / sur réseau
en línea, en red (n.f.)
El comercio electrónico permite comprar en línea.

> **service en ligne**
> servicio en línea (n.m.)

entrée/saisie des données
entrada de datos (n.f.), picado (n.m.)
Para realizar un fichero hay que evaluar antes el tiempo de entrada de datos.

effacer
borrar
Con las últimas versiones de tratamiento de texto es posible recuperar lo que se acaba de borrar.

éteindre
apagar, desconectar
Los fabricantes aconsejan desconectar el monitor en caso de tormenta.

fenêtre
ventana (n.f.)
El programa Ayuda tiene una ventana particular.

fichier
fichero (n.m.)
Para facilitar el trabajo hay que clasificar los ficheros.

> **créer un fichier**
> crear un fichero
>
> **fichier de données**
> fichero de datos (n.m.)
>
> **fichier de sauvegarde**
> copia de seguridad (n.f.)

formater
formatear
Hoy en día los disquetes nuevos ya están formateados.

fournisseur d'accès
proveedor (n.m.)
Club-internet es uno de los proveedores.

fusionner
fusionar
Se pueden fusionar varios documentos diferentes en uno solo.

icône
icono (n.m.)
Los iconos volvieron las pantallas mucho más conviviales.

imprimante
impresora (n.f.)
Una sola impresora puede servir para varios puestos de trabajo.

imprimante à jet d'encre
impresora por chorros de tinta (n.f.)

imprimante à laser
impresora láser (n.f.)

imprimer
imprimir

informaticien
informático (n.m.)
En caso de problema no siempre sirve el manual de uso, algunas veces hay que llamar al informático.

informations
informaciones (n.f.)

informatique
informática (n.f.)

informatiser
informatizar
Las impresas informatizan cada vez más sus ficheros manuales.

insérer
insertar, incluir

installer un programme
instalar un programa
Tambien se pueden instalar programas a partir de Internet.

internaute
internauta (n.m.)
El internauta suele ser un verdadero aficionado a navegar.

internet
internet (n.m.)

intranet
intranet
A las redes Intranet no hay acceso libre.

lecteur de disquette
disquetera (n.f.), unidad de discos (n.f.)
Todos los PC llevan disquetera.

lien
enlace (n.m.)
Los enlaces permiten navegar de un sitio Internet a otro.

logiciel
software (n.m.), programa (n.m.)

logiciel d'application
aplicativo (n.m.)

logiciel d'exploitation
programa operativo (n.m.)

logiciel intégré
programa integrado (n.m.)

logiciel de navigation
programa de navegación (n.m.)

manuel d'utilisation
manual de uso (n.m.)
Los manuales de uso están redactados en varios idiomas.

matériel informatique
material informático
Un servicio particular se ocupa del mantenimiento del material informático.

média
medio (n.m.)

menu
menú (n.m.)
Se accede a las opciones pasando por el menú.

mémoire
memoria (n.f.)
La memoria de un PC varia según los modelos.

mémoire de stockage
memoria muerta, memoria ROM (n.f.)

mémoire vive
memoria RAM (n.f.)

messagerie électronique : voir courrier électronique

micro-ordinateur : voir ordinateur

microprocesseur
microprocesor (n.m.)

modem
modem (n.m.)
Hoy en día casi todos los PC llevan modem integrado.

moniteur
monitor (n.m.)
Este monitor en color de alta resolución mide 15 pulgadas.

mot de passe
código (n.m.) / clave (n.f.)
El código protege los documentos informatizados.

moteur de recherche
buscador (n.m.)
Los buscadores son una ayuda para trabajar con Internet.

moyens de comunication
medios de comunicación (n.m.)

multimedia
multimedia

opérateur de saisie
operador de entrada de datos (n.m.)
El operador de entrada de datos tiene que conocer varios sistemas.

ordinateur
ordenador (n.m.)

page d'accueil
portada (n.f.)
Algunas portadas dan la posibilidad de escoger el idioma.

page informatique
página informática (n.f.)

périphériques
periféricos (n.m.)
La impresora, el scaner, el modem son periféricos.

pirate informatique
pirata informático (n.m.)
Los piratas informáticos integran virus peligrosos.

pirater
piratear

portable (ordinateur)
portátil (n.m.)
El portátil es un ordenador mucho más pequeño y ligero.

relier
enlazar

se relier
conectarse

répertoire
agenda (n.f.)

En algunos móviles la agenda electrónica tiene capacidad para 100 números.

réseau
red (n.f.)
El las oficinas varios PC pueden estar instalados en red.

saisie de données
entrada de datos/picado
La entrada de datos también incluye su actualización

sauvegarder
proteger

scanner
escáner/scaner (n.m.)
El escáner permite archivar documentos que llegaron por correo tradicional.

serveur
servidor (n.m.)
Para acceder a los servicios de Internet se pasa por un servidor.

service en ligne
servicio en línea (n.m.)

site Web
sitio Web (n.m.)
Las empresas tienen cada vez más su sitio para darse a conocer

sortie papier
impresión (n.f.)

souris
ratón (n.m.)
Por fin ahora existen ratones para los zurdos.

surfer sur Internet
navegar

tableur
hoja de cálculo (n.f.)
Con la hoja de cálculo también se hacen gráficos.

télécharger
telecargar
Para navegar en algunos sitios es preciso telacargar antes unos programas.

télétexte
teletexto (n.m.)
El teletexto permite leer subtítulos en las emisiones de tele.

touche
tecla (n.f.)
Las teclas de la derecha permiten poner los acentos en español.

traitement de texte
procesador/tratamiento de texto (n.m.)
Gracias al procesador de texto se pueden realizar modelos de cartas.

transmission de données
transmisión de datos (n.f.)

transmettre des données
transmitir datos

valider
aceptar/validar
Para aceptar, pulse el botón.

videotex
videotex (n.m.)

virus
virus (n.m.)
Algunos virus circulan por el correo electrónico.

LES RELATIONS EXTÉRIEURES
Las relaciones exteriores

1
LES EXPOSITONS, LES FOIRES ET LES SALONS
Las exposiciones, las ferias y los salones

agencer un stand
disponer, arreglar un stand
El decorador acabará de disponer el stand la víspera de la inauguración.

agencement
disposición (n.f.), arreglo (n.m.)

aménager un stand
acondicionar un stand
Hemos hecho un verdadero ezfuerzo para acondicionar el stand mejor que el año pasado.

annuaire des exposants
guía de expositores (n.f.)
La guía de expositores, con el emplazamiento preciso del stand ayuda mucho para visitar el salón.

auditorium
auditorio (n.m.)
La conferencia se celebra en el auditorio que se ubica en la planta baja.

avoir lieu / se tenir (un salon)
celebrarse

badge
pase (n.m.), acreditación (n.f.), credencial (n.m.)
El pase como profesional del sector le facilitará el acceso al salón.

calendrier (des expositions, des salons)
programa de exposiciones (n.m.)

comité d'organisation d'expositions, foires, salons
comité organizativo de exposiciones, ferias, salones (n.m.)
El comité organizativo gestiona con un planteamiento profesional más de 70 salones al año.

conférence
conferencia (n.f.)
Primero se celebra la inauguración del Salón y luego empiezan las conferencias.

congrès
congreso (n.m.), convención (n.f.)

centre de congrès
centro de congresos (n.m.)
El centro de congresos está ubicado en la avenida Reina María Cristina.

congressiste
congresista (n.f. ou n.m.)
Los congresistas están alojados en los hoteles alrededor del recinto ferial.

palais des congrès
palacio de congresos (n.m.)
El palacio de congresos está situado en el centro de la ciudad.

décoration (d'un stand)
decoración (n.f.)

demande d'admission à une foire
petición (n.f.), solicitud (n.f.)

emplacement
sitio (n.m.), emplazamiento (n.m.)

réserver un emplacement
reservar un emplazamiento
Nuestra empresa reserva un emplazamiento cada año para estar presente en este salón.

entrée
billete (n.m.), entrada (n.f.)

entrée libre
entrada libre (n.f.)
Los expositores tienen entrada libre en la Feria.

entrée principale
entrada principal (n.f.)
La entrada principal está en frente del aparcamiento.

exposant(e)
expositor (n.m.), expositora (n.f.)
250 expositores estarán presentes en este salón.

exposer / prendre part à un salon
exponer, participar
La empresa Viajero VIP participa cada año en el Salón exponiendo sus nuevos productos.

exposition
exposición (n.f.), muestra (n.f.) (pour une foire-exposition)

exposition internationale
exposición internacional (n.f.)

exposition itinérante
exposición itinerante (n.f.)

exposition universelle
exposición universal (n.f.)
En 1992 se celebró una Exposición Universal en Sevilla.

foire (commerciale)
feria (n.f.), muestra (n.f.)

formulaire d'admission
formulario de admisión (n.m.)
Por favor, complimente los siguientes datos en el formulario de admisión.

gardiennage
seguridad (n.f.)
La empresa Vigila SL se encarga de la seguridad.

hall d'exposition
hall de exposición (n.m.)
El hall de exposición tiene 1000 metros cuadrados.

hôtesse d'accueil
recepcionista (n.f. ou n.m.), azafata (n.f.)
Las azafatas pueden darle este tipo de información.

invitation
invitación (n.f.)
Se necesita invitación para entrar al Salón el día de la inauguración.

laissez-passer
pase (n.m.), acreditación (n.f.), credencial (n.m.)
Los profesionales tienen un pase de color amarillo.

manifestation, événement
manifestación (n.f.), acontecimiento (n.m.), evento (n.m.)
Esta manifestación es de ámbito internacional.

mission commerciale
misión comercial (n.f.)

parc des expositions
parque de exposiciones (n.m.), parque ferial (n.m.)
Es muy fácil llegar al parque de exposiciones con los transportes públicos.

participant(e)
participante (n.f. ou n.m.)
Cada año son más numerosos los participantes en esta feria.

participer à
participar en
Participar en un salón permite aumentar las ventas y darse a conocer.

participation officielle
participación oficial (n.f.)

pavillon
pabellón (n.m.)
El pabellón de España está en frente de la entrada principal.

présentation
presentación (n.f.)
La presentación de este nuevo producto se hará en diciembre, en el Salón.

présenter
presentar

professionnel
profesional (n.f. ou n.m.)
Los profesionales del sector vendrán numerosos.

réservé aux professionnels
reservado para profesionales / sólo para profesionales
El certamen de enero está reservado para profesionales.

public
público (n.m.)
El público participó en la conferencia haciendo numerosas preguntas.

réservation
reserva (n.f.)
Tenemos reserva en el vuelo de Iberia para ir a la Feria del zapato.

réservation à l'avance
previa reserva (n.f.)
La previa reserva es obligación para participar.

stand
stand (n.m.)

démonter un stand
desmontar, desarmar un stand
Después del salón desmontarán el stand.

louer un stand
alquilar un stand
Cada año nuestra empresa alquila un stand en la Feria de Barcelona.

monter un stand
montar un stand

stand de vente
stand de venta
El stand de venta está a la izquierda.

stand d'information
información (n.f.), mostrador de información (n.m.)
En el stand de información las azafatas podrán explicarsélo.

ville de foire
ciudad de ferias (n.f.)
Barcelona es una de la ciudades de ferias más importante de España.

visite
visita (n.f.)

visiteur
visitante (n.f. ou n.m.)
Este salón acoge cada año a más de 2 500 000 visitantes.

2
LES VOYAGES D'AFFAIRES
Los viajes de negocios

a bord
a bordo
Las compañías aéreas suelen servir comida a bordo.

aérogare/terminal
terminal (n.f.)
Los grandes aeropuertos internacionales se componen de varias terminales.

aéroport
aeropuerto (n.m.)
París tiene dos aeropuertos.

agence de voyages
agencia de viajes (n.f.)
Las agencias de viajes también pueden aconsejar a sus clientes.

agent de voyages
agente de viajes (n.f. ou n.m.)

annulation
anulación (n.f.), concelación (n.f.)
En caso de cancelación hay que avisar la agencia lo antes posible.

annuler (une réservation)
cancelar (una reserva)

arrivée
llegada (n.f.)
La hora de llegada está indicada en el tablón de la terminal.

date d'arrivée
fecha de llegada (n.f.)

heure d'arrivée
hora de llegada (n.f.)

arriver
llegar
Está previsto que este vuelo llegue a las 14.

assurance
seguro (n.m.)
Los seguros son importantes en caso de pérdida de equipaje.

assurances annulation, accident, bagages
seguros anulación, accidente, equipaje

attraper (un train, un vol)
coger (un tren, un vuelo)
Para llegar a tiempo a su reunión tiene que coger el primer tren.

bagage (s)
equipaje (n.m., toujours au singulier)
A bordo de los aviones hay un peso máximo autorizado para el equipaje.

bagage à main
equipaje de mano (n.m.)

bagage en soute
equipaje de bodega (n.m.)

excédent de bagage
excedente de peso (n.m.)

récupération de bagages
recogida de equipaje (n.f.)

billet/titre de transport
billete (n.m.)
El billete con reserva es imprescindible para viajar a bordo de los trenes de alta velocidad.

billet aller-retour
billete ida y vuelta (n.m.)

billet ouvert
billete abierto (n.m.), billete open (n.m.)

billet simple
billete sencillo (n.m.)

bon d'échange
voucher (n.m.)
De viaje el voucher permite abonar ciertos gastos.

buffet (restaurant)
bufet (n.m.)
Los viajeros suelen apreciar el desayuno bufet.

petit-déjeuner buffet
desayuno bufet (n.m.)

déjeuner buffet
almuerzo bufet (n.m.)

cafeteria
cafetería (n.f.)

carte de géographie
mapa (n.m.)
Al alquilar un coche un mapa suele ser útil.

carte routière
mapa de carreteras (n.m.)

carte/menu
carta (n.f.), menú (n.m.)
La carta de un restaurant indica todo lo que se puede comer así como los precios.

carte d'embarquement
tarjeta de embarque (n.f.)
La tarjeta de embarque lleva las referencias del vuelo y las del asiento.

chaîne d'hôtels
cadena hotelera (n.f.)
Los hombres de negocios aprecian las cadenas hoteleras donde nunca tienen sorpresas malas.

chambre d'hôtel
habitación (n.f.)
Algunas habitaciones están acondicionadas para los hombres de negocios.

chambres libres
habitación libre (n.f.), disponibilidad (n.f.)

chambre double
habitación doble (n.f.)

chambre fumeurs / non fumeurs
habitación fumadores (n.f.) / no fumadores

chambre individuelle
habitación individual (n.f.)

chambre avec pension complète
habitación con pensión completa (n.f.)

chambre sans pension
habitación sola (n.f.)

chambre avec petit déjeuner
habitación con desayuno (n.f.)

chambre avec salle de bains
habitación con cuarto de baño (n.f.)

classe
clase (n.f.)
El precio del billete varía según la clase.

classe affaires
clase negocios (n.f.)

classe touriste
clase turista/económica (n.f.)

première/seconde classe
primera/segunda clase (n.f.)

commander (un repas)
pedir una comida
Este comercial siempre pide comida vegetariana a bordo de los aviones.

complet
completo/a
Cuando un vuelo está completo existe la posibilidad de la lista de espera.

comptoir
mostrador (n.m.)
El mostrador de Iberia se ubica en la terminal 2.

confirmer (une réservation)
confirmar (una reserva)
Siempre hay que pensar en confirmar una reserva de vuelta.

confirmation
confirmación (n.f.)

correspondance
conexión (n.f.), enlace (n.m.)
Las conexiones siempre son un problema cuando el primer vuelo tiene atraso.

départ
salida (n.f.)
En Madrid, la salida de los trenes AVE se realiza desde la estación de Atocha.

date de départ
fecha de salida (n.f.)

heure de départ
hora de salida (n.f.)

déplacement
viaje (n.m.)
Para viajes cortos los hombres de negocios pueden escoger el avión o el tren alta velocidad.

être en déplacement
estar de viaje

frais/indemnités de déplacement
dieta (n.f.) (por gastos de viaje)

destination
destino (n.m.)
Este vuelo hace escala en Madrid pero su destino final es Tenerife.

arriver à destination
llegar a su destino

desservir une destination
poner en comunicación, comunicar

disponibilité
disponibilidad (n.f.)
El hotel en el que suele alquilar una habitación no tiene disponibilidades para estas fechas.

disponible
disponible

embarquement
embarque (n.m.)
El embarque de de los pasajeros con billete de negocios se efectua antes.

procéder à l'embarquement
empezar el embarque

heure limite d'embarquement
hora límite de embarque (n.f.)

embarquer
embarcar

enregistrement
facturación (n.f.)
En el billete se precisa la hora límite de facturación.

enregistrer
facturar
Para facturar el equipaje hay que presentarse en el mostrador de la compañía.

escale
escala (n.f.), parada (n.f.)

escale technique
escale técnica (n.f.)

faire escale à
hacer escale en

sans escale
sin escala, directo

gare
estación (n.f.)
Las estaciones de tren suelen ubicarse en el centro urbano.

forfait
paquete (n.m.)

Un paquete incluye varias prestaciones como transporte, alojamiento, algunas comidas y a veces visitas de la ciudad.

hébergement
alojamiento (n.m.)
Las buenas condiciones de alojamiento son importantes para los que viajan mucho.

hôtel
hotel (n.m.)
Entre el hotel sin ninguna estrella y el palace el abanico es enorme.

hôtel de luxe
hotel de lujo (n.m.)

hôtel en centre ville
hotel en centro ciudad, hotel céntrico (n.m.)

hôtel 2, 3, 4 étoiles
hotel dos, tres, cuatro estrellas (n.m.)

horaire
horario (n.m.)
Los horarios de tren y de avión están disponibles en Internet.

kilométrage illimité
kilómetros ilimitados (n.m.)
Al alquilar un coche es importante verificar si es con kilómetros ilimitados.

location de voiture
alquiler de coche (n.m.)
Las agencias de viaje también facilitan el alquiler de coche

frais de location
gastos de alquiler (n.m.)

louer une voiture
alquilar un coche
Alquilar un coche hace muchas veces ganar tiempo.

tarifs de location
tarifas de alquiler (n.f.)

voiture de location
coche de alquiler (n.m.)

menu
menú (n.m.)

repas
comida (n.f.)

carte
carta (n.f.)

carte des vins
carta de vinos (n.f.)

manger à la carte
comer a la carta

menu gastronomique
menú gastronómico (n.m.)

menu du jour
menú del día (n.m.)

menu touristique
menú turístico (n.m.)

navette
autobús (n.m.)
Estos autobuses enlazan los dos aeropuertos de la ciudad.

navette aérienne
puente aéreo (n.m.)
El puento aéro siempre es muy práctico para los hombres de negocios.

note/addition
cuenta (n.f.)
En la cuenta va indicado el importe y el IVA.

demander la note
pedir la cuenta

régler la note
pagar la cuenta

partir
salir
El Señor López sale de viaje mañana.

partir en voyage
salir de viaje

partir en avion
salir en avión

partir d'un hôtel
salir de un hotel

passager/ère
pasajero/a
Los pasajeros sólo pueden llevar a bordo equipaje de pequeñas dimensiones.

passagers en transit
pasajeros con conexión

pension complète
pensión completa (n.f.)

demi-pension
media pensión (n.f.)

place

1. au sens de siège
asiento (n.m.)
Los asientos de la clase negocios son mucho más cómodos.

réserver une place
reservar un asiento

nombre de places, dans une salle, une voiture
número de asientos (n.m.), capacidad (n.f.)

2. au sens d'espace
sitio (n.m.), espacio (n.m.)

planning
planning (n.m.), programación (n.f.)
Este viaje es algo complicado, necesita un planning muy preciso.

porte (dans une aéroport)
puerta (n.f.)

pourboire
propina (n.f.)
En Españ se suele dejar propina.

prix
precio (n.m.), tarifa (n.f.)
Para el mismo destino los precios pueden ser muy diferentes de una compañía a otra

billet à tarif réduit
billete con tarifa reducida

réception
recepción (n.f.) (en la recepción)
La recepción es el lugar del hotel donde se paga al salir.

repas
comida (n.f.)
Las comidas no están incluidas en el precio.

servir un repas
servir una comida

réservation
reserva (n.f.)
En las cadenas hoteleras hay que confirmar una reserva por fax.

à la réservation
al reservar

annuler une réservation
cancelar una reserva

centre de réservation
central de reservas (n.f.)

date limite de réservation
fecha límite de reserva (n.f.)

faire une réservation
reservar, hacer una reserva

réservation au nom de
reserva para (n.f.)

suréservation/surbooking
overbooking (n.m.)

réserver
reservar

restaurant
restaurant (n.m.)

restaurant gastronomique
restaurant gastronómico (n.m.)

restaurant self-service
restaurant libre servicio (n.m.)

salle de restaurant
comedor (n.m.)

manger au restaurant
comer en el restaurant

salon (en hôtel, aéroport)
salón (n.m.)
Los salones de un hotel acogen reuniones y seminarios.

séjour
estancia (n.f.)
Esta ciudad es fantástica para estancias de negocios.

durée du séjour
duración de la estancia (n.f.)

séjourner
quedarse
Nuestro Director se quedará tres diás en Nueva York.

séminaire
seminairo (n.m.)
La semana que viene estaremos en Caracas donde temenos un seminario.

service
servicio (n.m.)
En el sector de servicios, las normas de calidad son referencias importantes.

qualité de service
calidad de servicio / atención al cliente (n.f.)

tourisme
turismo (n.m.)
El turismo es un sector importante de la economía.

tourisme d'affaires, de congrès
turismo de negocios, de congresos

touriste
turista (n.f. ou n.m.)
Se considera como turista a alguien que pernocta fuera de su casa por lo menos una vez.

transfert : d'un aéroport au centre ville, d'une gare à une autre
translado (n.m.)
Los translados entre el aeropuerto y la ciudad hacen perder mucho tiempo

transit
tránsito (n.m.) / conexión (n.f.)
Los pasajeros en tránsito no pueden salir del aeropuerto.

transiter par
pasar por

passagers/voyageurs en transit
pasajeros/viajeros en tránsito, pasajeros con conexión (n.m.)

traversée
travesía (n.f.)
La travesía para ir a Inglaterra es mucho más fácil con el Eurostar.

traverser
cruzar

visa
visado (n.m.)
El visado es obligatorio para entrar a algunos países.

demander un visa
pedir un visado

visa d'immigration
visado de inmigración (n.m.)

visa de travail
visado de trabajo (n.m.)

visiter un site
visitar un sitio
Se puede aprovechar un viaje de negocios para visitar la ciudad.

rendre visite à quelqu'un
visitar a alguien

visite guidée
visita con guía, visita guiada (n.f.)

visiteur
visitante (n.f. ou n.m.)
Nuestra empresa acoge a menudo a visitantes extranjeros.

vol
vuelo (n.m.)
Nuestro personal siempre toma vuelos directos.

fréquence de vol
frecuencia de vuelo (n.f.)

numéro de vol
número de vuelo (n.m.)

vol direct
vuelo directo (n.m.)

vol long courrier
vuelo largo recorrido (n.m.)

vol a destination de
vuelo con destino a

voyage
viaje (n.m.)
El objetivo de este viaje es la firma de un contrato.

partir en voyage
salir de viaje

voyage d'agrément
viaje de ocio (n.m.)

voyage organisé
viaje organizado (n.m.)

voyage d'affaires
viaje de negocios (n.m.)

voyager
viajar

voyageur/euse
viajero (n.m.), viajera (n.f.)
En este salón los viajeros gozan de mucho confort.

voyageur en transit
viajero en tránsito (n.m.)

voyagiste / tour operateur
tour operador (n.m.) / mayorista (n.m.)
Los tour operadores combinan los diferentes elementos que componen un viaje.

DES SERVICES PARTICULIERS : COMMERCIAL ET GESTION

Servicios particulares : comercial y gestión

1

LE SERVICE COMMERCIAL

El servicio comercial

LA CLIENTÈLE

La clientela

acheteur
comprador (n.m.)
El comprador puede abonar en efectivo, con talón o con tarjeta bancaria.

association de consommateurs
asociación de consumidores (n.f.)
Las Asociaciones de consumidores son numerosas y suelen aconsejar a los clientes.

client
cliente (n.f. ou n.m.)
En realidad el cliente no siempre es el rey.

client potentiel
cliente potencial (n.f. ou n.m.)

client régulier
cliente regular / fiel (n.f. ou n.m.)

consommateur
consumidor (n.f. ou n.m.)
Los consumidores también son clientes.

foyer/ménage
familia (n.f.)
Los servicios marketing realizan encuestas para saber si la familias van a apreciar un producto.

particuliers (les)
individuales (n.m.)
Los individuales no suelen compran al por mayor.

prospect
cliente potencial (n.f. ou n.m.)
Las empresas cuidan a los clientes potenciales.

usager/utilisateur
usuario (n.m.)
Los usarios del metro están desesperados cuando hay huelgas de varios días.

DISTRIBUTEURS ET FOURNISSEURS

Distribuidores y proveedeores

acheteur professionnel
comprador profesional (n.m.)
Los compradores profesionales conocen perfectamente el mercado que les corresponde.

agent exclusif
agente exclusivo (n.m.)
Algunas fábricas sólo venden gracias a agentes exclusivos.

avoir la représentation exclusive
tener la representación exclusiva

centrale d'achat
central de compra (n.f.)
Las centrales de compra no suelen vender a los individuales.

concessionnaire
concesionario (n.m.)
El concesionario es un intermediario comercial con derecho exclusivo en cierto sector.

concession
concesión (n.f.)

concesionnaire agréé
concesionario exclusivo (n.m.)

commerçant
comerciante (n.m.)
Los comerciantes que no se han especializado tiene desde hace algunos años dificultades financieras.

courtier de marchandises
corredor/agente (n.m.)
El agente sirve de intermediario en operaciones comerciales.

détaillant
minorista (n.m.)
El minorista es un intermediario entre el mayorista y el cliente.

détail (le)
por menor (n.m.)

vendre/acheter au détail
vender/comprar al por menor

diffuseur/distributeur
distribuidor (n.m.)
Esta empresa tiene distribuidor en Cataluña.

distribuer
distribuir

distribution
distribución (n.f.)

distributeur agréé/exclusif
distribuidor exclusivo (n.m.)

canal de distribution
canal de distribución (n.m.)

circuit de distribution
circuito de distribución (n.m.)

grande distribution
gran distribución (n.f.)

réseau de distribution
red de distribución (n.f.)

franchisé
franquiciado (n.m.)
El franquiciado tiene obligaciones pero saca provecho de la imagen de su marca.

franchise
franquicia (n.f.)

franchiseur
franquiciador (n.m.)

fournisseur
proveedor (n.m.)
Hoy en día el proveedor también facilita el acceso a Internet.

fournisseur exclusif
proveedor exclusivo (n.m.)

fournir
proveer

grossiste
mayorista (n.m.)
En el sector turístico los turoperadores son mayoristas.

gros (le)
por mayor (n.m.)

vendre/acheter en gros
vender/comprar al por mayor

intermédiaire
intermediario (n.m.)
Los intermediarios operan para facilitar la venta de los productos.

négociant/marchand
negociante (n.m.)

Los negociantes internacionales trabajan en el sector de exportación.

prestataire de services
prestatario de servicios (n.m.)
El prestatario de servicios es una persona o una empresa que vende sus servicios.

revendeur
revendedor (n.m.)
Tras haber comprado al por mayor el revendedor vende al por menor.

revendre
revendedor (n.m.)

revente
reventa (n.f.)

sous-traitant
subcontratista / segundo contratista (n.m.)
La empresa principal da las directivas al subcontratista que trabaja para él.

sous-traitance
subcontratación (n.f.)

sous-traiter un travail
subcontratar un trabajo

LA CONCURRENCE
La competencia

concurrence (la)

1. général
competencia (n.f.)
Hay que tomar en cuenta la competencia de los países emergentes.

concurrence déloyale
competencia desleal (n.f.)

faire concurrence à
competir con/hacer competencia a

2. l'ensemble des concurrents
competidores (n.m.)
Los competidores de una empresa venden el mismo tipo de productos.

concurrencer
competir
En este sector están compitiendo de modo muy duro.

concurrent

1. nom
competidor (n.m.)

2. adjectif
competitivo/a

marque concurrente
marca competidora (n.f.)
Esta nueva marca competidora plantea muchos problemas al sector.

concurrentiel
competitivo
Esta tienda propone precios muy competitivos.

2

LA COMMANDE, L'APPROVISIONNEMENT ET LA LIVRAISON
El pedido, el abastecimiento y la entrega

LA COMMANDE
El pedido

accorder une réduction
consentir un descuento
Según la cantidad comprada se consiente un descuento.

accord
acuerdo (n.m.)

annuler une commande
anular/cancelar un pedido
Puede cancela su pedido sin gastos en un plazo de diez días.

annulation
anulación/cancelación (n.f.)

accuser réception d'une commande
acusar recibo de un pedido
Le agradecemos acuse recibo de nuestro pedido a mayor brevedad.

accusé de réception de commande
acuse de recibo de pedido

conditions
condiciones (n.f.)
Las condiciones generales de venta de los billetes aéreos son muy precisas.

confirmer une commande
confirmar un pedido
Los pedidos hechos por teléfono hay que confirmarlos por fax.

confirmation
confirmación (n.f.)

commande
pedido (n.m.)
Sin pedidos una empresa estaría muy rápidamente en quiebra.

commande en attente/souffrance
pedido pendiente (n.m.)

commande ferme
pedido en firme (n.m.)

commande urgente
pedido urgente (n.m.)

conformément à la commande
conforme a / en conformidad con / de conformidad con el pedido

carnet de commandes
cartera de pedidos (n.f.)

commander
hacer un pedido/encargar
Es muy fácil hacer un pedido por Internet.

échantillon
muestra (n.f.)
Las muestras permiten darse cuenta mucho mejor de la realidad del producto.

conforme à l'échantillon
en conformidad con la muestra

demande d'échantillon
pedido de muestra (n.m.)

échantillon gratuit
muestra gratuita (n.m.)

échantillonnage
muestrario / surtido (n.m.)

échantillonner
sacar / preparar muestras

fournir un échantillon
dar una muestra

enregistrer une commande
registrar un pedido
En Internet registran los pedidos sea cual sea la hora del día y de la noche.

exécuter une commande
ejecutar/cumplir/servir un pedido
Desgraciadamente cumplieron este pedido con bastante atraso.

en cours d'exécution
pendiente

lettre de commande
carta de pedido (n.m.)
Las cartas de pedido pueden enviarse por correo, fax o Internet.

ordre : voir commande

passer une commande
hacer un pedido
Este cliente importante acaba de hacer un pedido.

payable à la commande
a pagar al pedido
Algunos productos son a pagar al pedido.

prendre une commande
tomar un pedido
En algunas empresas hay un servicio especializado en tomar pedidos.

recevoir une commande
recibir un pedido
Los pedidos se reciben por correo, teléfono, fax o Internet.

refuser une commande
negar/rechazar un pedido
Rechazamos los pedidos de ciertos clientes.

sur commande
de encargo
Este producto sólo lo hacemos de encargo.

traiter une commande
tratar un pedido (n.m.)
En el precio de venta del producto hay que incluir el tratamiento del pedido.

> **coût de traitement d'une commande**
> costo de tratamiento de un pedido (n.m.)
>
> **traitement d'une commande**
> tratamiento de un pedido (n.m.)

L'APPROVISIONNEMENT
El abastecimiento

approvisionnement
abastecimiento (n.m.)
En un comercio el abastecimiento es uno de los puntos más importantes.

> **gestion de l'approvisionnement**
> gestión del abastecimiento (n.f.)

approvisionner
abastecer/proveer
Los mayoristas abastecen los minoristas.

s'approvisioner : voir se fournir

avoir en stock
tener en stock
Desgraciadamente este producto no lo tenemos en stock.

coût de stockage
costo de almacenamiento (n.m.)
El costo de almacenamiento resulta importante para ciertas empresas.

difficultés d'approvisionnement
dificultades de abastecimiento (n.f.)
Cuando hay huelgas de transportistas las empresas tienen dificultades de abastecimiento.

écouler le stock
vender el stock
Al vender el stock no volveremos a tener este producto.

entrepôt
almacén (n.m.)
Los objetos gordos hay que recogerlos en el almacen.

épuisé (être)
agotado (estar)

Los productos que tienen éxito están agotados muy rápidamente.

fournir
abastecer/proveer
Gracias a nuestro sistema de entrega podemos abastecerle más rápidamente que la competencia.

fournisseur
proveedor (n.m.)

se fournir / s'approvisionner
abastecerse/proveerse
Nos abastecemos en los mejores productores.

garder en stock
guardar en stock
Guardar en stock demasiado tiempo siempre es un problema para las empresas.

gestion des stocks
gestión de las existencias / del stock
La gestión de las existencias se lleva por informática.

gestion des stocks par flux tendus
gestión de las existencias en flujo tendido / justo tiempo (n.f.)

inventaire du stock
inventario del stock / de las existencias
Las empresas suelen cerrar para el inventario del stock.

faire un inventaire
hacer un inventario

liquider le stock
liquidar las existencias
Las rebajas sirven para liquidar las existencias.

liquidation du stock
liquidación de las existencias (n.f.)

pourvoir à
proveer/abastecer/suministrar
En cuanto a los productos del catálogo podemos proveer a muy breve plazo.

réapprovisionner
reabastecer / abastecer de nuevo
Este producto no está disponible, pero se están abasteciendo de nuevo.

réapprovisionnement
reabastecimiento (n.m.)

rotation des stocks
rotación de las existencias (n.f.)
La rotación de las exitencias es permanente en esta empresa.

rupture de stocks
agotamiento de existencias (n.m.)
Cuando hay agotamiento de existencias, no se puede satisfacer el cliente.

stock
stock (n.m.) / existencia (n.f.)
La gestión del stock se hace por informática.

stock initial/final
existencias iniciales / finales (n.f.)

stockage/entreposage
almacenamiento (n.m.)
El almacenamiento necesita edificios muy amplios.

frais de stockage
gastos de almacenamiento (n.m.)

stocker
almacenar
Algunas empresas almacenan sus productos en lugares bastante alejados de las ciudades.

surplus de stocks
excedente de stock (n.m.)
Los excedentes de stock se venden muy baratos.

LA LIVRAISON
La entrega

avis d'expédition / bordereau d'expédition
remesa (n.f.) / aviso de expedición
El aviso de expedición informa al cliente que su pedido va a llegar.

bon de livraison
albarán (n.f.) / nota de entrega (n.f.)
El pedido tiene que corresponder al albarán y a la factura.

charger
cargar
Mañana por la mañana cargarán su pedido a bordo del camión.

chargement

1. action de charger
cargamento (n.m.)

2. la marchandise
remesa / mercancía (n.f.)

date de livraison
fecha de entrega (n.f.)
Esta empresa respeta siempre la fecha de entrega.

date limite
fecha límite (n.f.)

décharger
descargar
Descargarán mañana y se lo entregarán pasado mañana.

délai de livraison
plazo de entrega (n.m.)
El plazo de entrega es de 2 semanas.

dans les délais convenus
en el plazo convenido

dans les délais les plus brefs
a mayor brevedad

sans délai
sin demora

dernier délai
último plazo (n.m.)

expédier
enviar/despachar/expedir/remitir/mandar
Le mandaremos los productos el lunes que viene.

expédier par avion
enviar por avión

expéditeur
expedidor/remitente (n.m.)

retour à l'expéditeur
devolución al expedidor/remitente (n.f.)

expédition

1. l'action d'expédier
envío (n.m.) / remesa (n.f.)
Haremos el envío por la mañana.

2. la marchandise envoyée
remesa/mercancía (n.f.)

documents d'expédition
documentos de expedición (n.m.)

livraison
entrega (n.f.) / reparto / suministro (n.m.)
Le agradecemos una entrega rápida.

avis de livraison
aviso de entrega (n.m.)

bon de livraison
albarán (n.f.) / nota de entrega (n.f.)

livraison à domicile
entrega a domicilio (n.f.)

service de livraison
servicio de reparto (n.m.)

livrer
entregar
Esta empresa entrega a domicilio.

passé ce délai
después de este plazo/esta fecha
Sentimos informarles que después de esta fecha no aceptaremos la entrega.

port dû
portes debidos (n.m.)
En caso de portes debidos abona el comprador.

port payé
portes pagados (n.m.)
En caso de portes pagados el comprador no tiene que añadir gastos de entrega.

prendre livraison
recoger/recibir
Le agradecemos nos indique cuándo puede recoger su pedido.

refuser de prendre livraison
negarse a recoger / a recibir

réception
recepción (n.m.)
Es importante verificar la conformidad de los productos lo más rápido posible después de la recepción.

dès réception
a recepción

remettre/repousser la livraison
aplazar la entrega
Por razones ajenas a nuestra voluntad sentimos tener que informarles que aplazamos la entrega.

retard de livraison
atraso/retraso de entrega (n.m.)
Los atrasos de entraga siempre son una dificultad.

retard imprévu
atraso imprevisto (n.m.)

retarder
atrasar

2
LA GESTION
La gestión

accroître
incrementar
Los resultados de esta empresa se incrementaron bastante este año.

actif
activo (n.m.)

actif circulant
activo circulante (n.m.)

actif disponible / disponibilité
activo disponible (n.m.) / disponibilidad (n.f.)

actif immobilisé
activo inmovilizado / inmovilizado (n.m.)

liquidation d'actifs
liquidación de activo (n.m.)
En el balance aparece el activo.

afficher / annoncer des bénéfices / des pertes / des résultats
anunciar beneficios/pérdidas/resultados
Estos últimos años esta empresa suele anunciar beneficios.

amortir
amortizar
Se pueden amortizar los materiales sobre varios ejercicios.

amortissement
amortización (n.f.)
La amortización corresponde a la depreciación del inmovilizado.

amortissable
amortizable

annuler une écriture
cancelar un asiento
Para cancelar un asiento hay reglas muy precisas.

apurer un compte
comprobar una cuenta
Se comprueban las cuentas cada año.

apurement des comptes
intervención de cuentas (n.f.)

argent frais
capital nuevo (n.m.) / inversión (n.f.)
Las empresas necesitan siempre capital nuevo.

arriéré
atrasado / pago pendiente (n.m.)
Esta empresa tiene muchos pagos atrasados.

solder l'arriéré
saldar lo atrasado

augmenter/progresser
aumentar/progresar
Los resultados de esta empresa han aumentado estos últimos años.

augmentation
aumento (n.m.)

audit
auditoría (n.f.)
La semana que viene tenemos auditoría interna.

audit externe
auditoría externa (n.f.)

audit interne
auditoría interna (n.f.)

auditeur
auditor (n.m.)

auditer/effectuer un contrôle
controlar/realizar un control

avances clients
anticipos de clientes (n.m.)
Los anticipos de clientes son para entregas o trabajos futuros.

avoir (un)
haber (n.m.)
Este cliente tiene un haber en contabilidad.

baisser/chuter
bajar/caer
Su volumen de negocios ha bajado de modo dramático.

baisse
baja (n.f.)

chute libre
bajón (n.m.)

bénéfice/profit
beneficio (n.m.)
Beneficio contable y beneficio fiscal no es lo mismo.

bénéfice brut
beneficio bruto (n.m.)

bénéfice net
beneficio líquido/neto (n.m.)

bénéficiaire (le)
beneficiado (n.m.)

bénéficier de
beneficiarse de

marge bénéficiaire
margen de beneficio (n.m.)

bilan
balance (n.m.)
El balance se cierra cada año con el activo y el pasivo.

bilan de clôture
balance de cierre / de salida (n.m.)

bilan consolidé
balance consolidado (n.m.)

boucler les comptes
equilibrar las cuentas
Las cuentas de la empresa están perfectamente equilibradas.

budget / budget prévisionnel
presupesto (n.m.)
Para esta campaña de publicidad tenemos que hacer el presupuesto.

budgétaire
presupuestario/a

budgéter, budgétiser
presupuestar
Antes de lanzarse en un nuevo proyecto hay que presupuestarlo.

calculer
calcular

ajouter
añadir/sumar

diviser par
dividir por

multiplier par
multiplicar por

soustraire
restar

capacité d'autofinancement
capacidad de autofinanciación (n.f.)
A menudo se utiliza la palabra inglesa "cash flow" para capacidad de autofinanciación.

capital (le)
capital (n.m.)
Esta sociedad tiene un capital de 10 000 Euros.

augmentation de capital
aumento de capital (n.m.)

capital entièrement libéré
capital desembolsado (n.m.)

capital engagé
capital en funcionamiento (n.m.)

capital individuel
capital (n.m.)

capitaux permanents
financiación básica (n.f.)
capitales permanentes/pasivo fijo (n.m.)

capitaux propres
capitales propios (n.m.)

capital social
capital social (n.m.)

immobilisation des capitaux
inmovilización de capitales (n.f.)

charges : voir dépenses/frais

chiffre d'affaires (CA)
volumen de facturación (n.m.) / cifra total de negocios (n.f.)
Gracias a su nuevo producto la empresa ha conseguido un volumen de facturación muy superior a los años anteriores.

chiffrer à (se)
ascender a/montarse a
El volumen de facturación se montó a 10 000 millones de pesestas.

clôture de l'exercice
cierre del ejercicio contable (n.m.)
Cada año al final del ejercicio, se realiza el cierre del ejercicio contable.

commissaire aux comptes
auditor de cuentas (n.m.)
El auditor de cuentas comprueba la situación financiera.

comptabiliser/enregistrer
contabilizar/registrar
Todas las operaciones están contabilizadas gracias a programas informáticos.

comptabilité
contabilidad (n.f.)
La contabilidad, que es una obligación para las empresas, se suele llevar ahora por informática.

comptabilité analytique
contabilidad analítica (n.f.)

comptabilité informatisée
contabilidad informatizada (n.f.)

comptabilité en partie double
contabilidad por parte doble (n.f.)

comptabilité générale
contabilidad general (n.f.)

comptable

1. adjectif
contable

2. nom

comptable
contable (n.f. ou n.m.)

expert-comptable
perito/experto en contabilidad (n.m.)

compte
cuenta (n.f.)
Todas las operaciones financieras tienen que estar registradas en cuentas.

compte courant/bancaire
cuenta corriente/bancaria (n.f.)

compte d'exploitation
cuenta de explotación (n.f.)

compte de résultat
cuenta de pérdidas y ganancias / de resultado (n.f.)

contrôler
controlar
En este momento están controlando las cuentas.

contrôle
control (n.m.)

contrôle des comptes
auditoría (n.f.)

coût
coste (n.m.)
Los empresarios quieren abaratar los costes

coûter
costar

créance : voir dette

créancier
acreedor (n.m.)
Los acreedores tienen un plazo para pagar sus deudas.

crédit
crédito (n.m.)
Hay que diferenciar crédito de funcionamiento y de fianciación.

à crédit
a plazos (pour l'achat)
a crédito (pour la vente)

créditer
abonar/acreditar

créditeur (nom)
acreedor/a

crédit-bail
arredamiento financiero / leasing (n.m.)

date d'échéance
fecha de vencimiento (n.f.)
La fecha de vencimiento es el 14 de abril.

tomber à échéance
vencer

débit
debe (n.m.)
El contable siempre está preocupado por el debe.

débiter
cargar/adeudar
débiteur (nom)
deudor/a

déficit
déficit (n.m.)
Con este déficit habrá que tomar medidas muy serias.

être en déficit
estar en déficit

dégrader / détériorer (se)
deteriorarse
Desgraciadamente estos últimos años se deterioró la situación.

dépenses/charges/frais
gastos (n.m.)
En lo ideal los gastos ne tienen que ser superiores a los ingresos.

dépenser
gastar

dépenses et recettes
gastos e ingresos (n.m.)

dépenses/charges directes
gastos y costes directos (n.m.)

déposer le bilan
declararse en quiebra
Por culpa de mala gestión esta empresa tuvo que declararse en quiebra.

dette
deuda (n.f.)
La empresa conoce momentos difíciles y tiene demasiadas deudas.

disponibilités
disponibilidades
Las disponibilidades son activo disponible inmediatamente.

écriture
asiento (n.m.)
Un asiento corresponde a una operación determinada.

écriture passée au crédit
abono (n.m.)

écriture passé au débit
cargo (n.m.)

porter une écriture au Grand Livre
pasar un asiento al Mayor

tenir les écritures
llevar los libros

effet/traite
efecto (n.m.) / letra (n.f.)
Las letras se pagan a 30, 60 o 90 días.

effet de commerce
efecto comercial (n.m.)

traite à vue
pagaré a la vista (n.m.)

endettement
endeudamiento (n.m.)
El endeudamiento de la empresa se explica por sus inversiones.

endetter (s')
contraer deudas / endeudarse
La sociedad ha contraido deudas al comprar este material.

engager des capitaux, de l'argent
meter capitales, dinero
El financiero mete capitales en diferentes negocios.

équilibre
equilibrio (n.m.)
Hay que restablecer el equilibrio entre los gastos y los ingresos.

en équilibre, équilibré
equilibrado/a

équilibrer
equilibrar
Nuestras cuentas están perfectamente equilibradas.

équilibrer la trésorerie
equilibrar la tesorería

enregistrer : voir comptabiliser

être dans le rouge
estar en rojo
El presupuesto de funcionamiento de este departamento está en rojo.

exercice
ejercicio (n.m.)
En una empresa el ejercicio es el periodo contable anual.

finance

1. l'activité bancaire
banca (n.f.) / mundo financiero (n.m.)
Las bancas europeas prepararon la llegada del Euro varios años antes.

2. les finances, les fonds
fondos (n.m.pl.) / dinero (n.m.sing.)
Este contrato pondrá a flote los fondos de la empresa.

3. les Finances (l'Administration)
ministerio de Hacienda/Hacienda

financement
financiación (n.f.)
Antes de crear su empresa está preparando su financiación.

auto-financement
autofinanciación (n.f.)

ressources de financement
recursos financieros (n.m.)

financer
financiar
El banco permitió financiar este nuevo proyecto.

financier
financiero/a
Este financiero invierte en muchos sectores económicos.

fonds
fondos (n.m.pl.)
Los fondos son el capital inmovilizado.

bailleur de fonds
socio capitalista / proveedor de fondos (n.m.)

fonds publics
fondos públicos (n.m.)

fonds de roulement
fondo de operaciones/de rotación (n.m.)

fonds monétaire international
fondo monetario internacional (n.m.)

mise de fonds
gastos de capital (n.m.)

frais : voir dépenses/charges /coûts
gastos, costes, cargas
Los gastos financieros están ocasionados por los créditos.

frais d'établissement
gastos de establecimiento (n.m.)

frais généraux
gastos generales (n.m.)

générer
generar
Nuestra última campaña de publicidad generó muchas ventas.

immobilisations
inmovilizaciones (n.f.)
Las inmovilizaciones comprenden el patrimonio, los terrenos y los inmuebles.

immobiliser des capitaux
inmovilizar capitales
No hay que inmovilizar capitales demasiado tiempo.

immobilisation de capitaux
inmovilización de capitales (n.f.)

impayés (des)
impagados (n.m.)
Este cliente tiene demasiados impagados.

impayé (adj)
no pagado

injecter des capitaux
inyectar capitales
La casa matriz ha inyectado capitales en esta filial.

investir dans
invertir en
La empresa invirtió en material informático nuevo.

investisseur
inversor (n.m.)

réinvestir
volver a invertir / reinvertir

investissement
inversión (n.f.)
El grupo empieza a hacer inversiones en un sector nuevo.

faire des investissements dans
invertir en/hacer inversiones en

journal comptable
diario / libro diario (n.m.)
Como lo indica su nombre el Diario se pone al día cada día.

Livre (le Grand)
Libro Mayor / Mayor (n.m.)
En el Libro Mayor se pasan por artículos las escrituras del Diario.

maquiller les comptes
falsificar las cuentas
La auditoría sacó a luz que falsificaban las cuentas.

opération
operación (n.f.)
Desgraciadamente esta operación financiera fue un fracaso.

perte
pérdida (n.f.)
Consiguieron disminuir las pérdidas.

anoncer des pertes
anunciar pérdidas

perdre
perder

pertes et profits
pérdidas y ganancias (n.f.)

perte sèche
pérdida total (n.f.)

plan comptable
plan de contabilidad (n.m.)
Todas las empresas tienen obligación de aplicar el Plan General de Contabilidad.

plus-value
plus-valía (n.f.)
Con esta operación hay una plus-valía importante.

enregistrer une plus-value
apreciar/acusar una plus-valía

produits : voir recettes

profit : voir bénéfice

provision
provisión (n.f.)
Las provisiones están previstas para cubrir los gastos, o las deudas.

provisions pour risques et charges
provisiones para riesgos y gastos (n.f.)

rapport annuel
informe anual (n.m.)
El informe anual se manda a todos los miembros del consejo de administración.

recettes/produits
ingresos (n.m.)
Los ingresos del sector ascendieron con relación al año anterior.

dépenses et recettes
ingresos y gastos (n.m.)

rembourser
reembolsar
Si encuentra el mismo producto más barato le reembolsamos.

renflouer
sacar adelante/a flote ; sacar de apuros
Gracias a inversiones extranjeras sacaron a flote la empresa.

rentabilité
rentabilidad (n.f.)
Los empresarios desean una rentabilidad cada vez mayor.

rentable
rentable

atteindre le seuil de rentabilité
alcanzar el umbral de rentabilidad

rentrer dans ses frais
cubrir los gastos
Desgraciadamente desde hace dos años no cubrimos los gastos.

réserves
reservas/previsiones (n.f.)
Las empresas pueden constituir reservas para tener seguridad financiera.

résultat
resultado (n.m.)
La salud de una empresa se verifica en su resultado.

résultat net de l'exercice
pérdidas y ganancias (n.f.) / beneficio y pérdida

seuil de rentabilité
umbral de rentabilidad (n.m.)
A las empresas jóvenes les cuesta alcanzar el umbral de rentabilidad.

solde
saldo (n.m.)
La diferencia entre el Debe y el Haber es el saldo.

solde créditeur
saldo acreedor (n.m.)

solde débiteur
saldo deudor (n.m.)

solder
saldar/liquidar
Al saldar las cuentas hay que llegar a un equilibrio entre el Debe y el Haber.

taxe sur la valeur ajoutée (TVA)
impuesto sobre el valor añadido (IVA) (n.m.)
Algún día habrá que armonizar el IVA en los países de la Unión Europea.

traite : voir effet

trésorerie
tesorería (n.f.)
La empresa tiene dificultades de tesorería.

besoin de trésorerie
necesidad de tesorería (n.f.)

difficultés de trésorerie
dificultades en la tesorería (n.f.)

trésorier
tesorero (n.m.)

valeur ajoutée
valor añadido (n.m.)
El servicio que ofrece esta empresa a sus clientes es un valor añadido a sus productos.

II

Index

INDEX FRANÇAIS

A

B

C

D

U

V

INDEX ESPAGNOL

A

B

C

F

G

Q

R

S

Achevé d'imprimer en septembre 2001
sur les presses de la Nouvelle Imprimerie Laballery
58500 Clamecy
Dépôt légal : septembre 2001
Numéro d'impression : 106056
507 4513/01

Imprimé en France

73–